「よりよい生存」ウェルビーイング学入門

——場所・関係・時間がつくる生

生存科学叢書

藤原成一 著
Shigekazu Fujiwara

The Institute of
Seizon and Life Sciences

日本評論社

目次

〈緒〉

よく生きるということ

ビーイングをウェルビーイングにするのは、
存在するものすべての願いです。
福祉とか安泰とか幸福という狭義でなく、
「よく生きること」、それがウェルビーイングです。
しかも生活者として、
自らの人生を生きる平凡な営みのなかで
実現されてこそウェルビーイングです。
ここでは西田幾多郎という厳粛な思索者の、
日常のなか、社会のなかでの尋常の営みのなかに、
「よく生きる」という姿を見つめます。
そして「よく生きる」ということを考える「基準」を
西田の生から学びとり、個人の面からと、
個人のおかれている場所や社会や関係という面からと、
それら両面から、
ウェルビーイングを考えるための土台を提案します。
新哲学、ウェルビーイング学への導入です。

◆生きかたをどう考えるか

「一人の人間がどのように生きたか。その時代のなかで、時代のどのような課題をどのように引き受けどのように果たしたか。あるいは、時代の重荷にどのように苦しみ、どのようにそれを生き抜いたか。そして、どのように死んでいったか。死んだのち、その人は結局どのような存在であったか。どのような存在であり続けるか。」

人間の生涯を考えるとき、誰しも念頭におく問いかけです。平凡に見えて、しかし、誰でもが発しうる問いでなく、また、誰もがそれに答えうるとは考えられない重い問いです。上田閑照著『西田幾多郎―人間の生涯ということ』（同時代ライブラリー、岩波書店、一九九五）は、劈頭、この問いから始まります。そして西田の生涯をこの問いに沿ってたどり、立ちどまり、反芻し、沈思をめぐらし、評伝とか伝記という範疇を超えて、人間が生きるということの意味を思索します。

人間の生涯を上田先生は「人生」と、「歴史的社会的生」と、「境涯」の三つの事態から読み解こうとします。生まれてから死ぬまでの限りある一生を、ひとはさまざまな他者に交わり、事に出会い、悲しみ喜び、迷い苦しみ、運不運、幸不幸に翻弄されながら、生きます。誰しもが生を持続していくそういう事態が「人生」です。

人間は個としての人生を生きつつ、同時にその一生は同時代の社会や歴史と重なり浸透し合い、時代や社会との関わりなしにはありえません。しかも歴史も社会も同時代だけでなく、その時代や社会をつくった大きな歴史的社会的背景をもっています。同時代と向き合い、同時代の社会に参与し干渉されつつ、しかもさらに大きく深く歴史や社会と切り結びつつ生きる、それが「歴史的社会的生」です。これも誰しもが体験する事態ですが、この生のありかたは、歴史や社会への姿勢、考え、覚悟など個人によって全く様相を異にし、きわめて自覚的な生の事態です。「自分でなければならない仕事をする」と西田幾多郎が言うその生きかたです。平常の生（平常底《てい》）のなかで、使命として運命として生きる自覚です。

「境涯」は生きるという事態からだけでは生じず、どのように一生を生きてきたか、その人間の一生の質からにじみ出てくるものです。「人生」と「歴史的社会的生」の営みのなかにじわじわと沈澱していくそのひとの人間味、生きかたの風格です。生きる姿や営みからおのずからににじみ出る風姿です。「かの椅子によりて物かき此床に入りて又《また》ふす日毎夜毎に」の西田の短歌には一日一日の平常の充実が詠まれており、単純化された生には「斯《かく》の如き世に何を楽しんで生きるか。呼吸するも一の快楽なり」と言いうる生の風格があります。この毅然とした風姿が西田の「境涯」です。昭和二十年、敗戦の四か月前、死の二か月前、飢餓と病気、連日のB29襲来、そんな過酷な日々のなか、最後の論文「場所的論理と宗教的世界観」を執筆することで平常底を貫き、自分の歴史的社会的生、使命としての生を生きます。緊迫した老境のなかにおのずから「呼吸するも一の快楽」は自覚され、それがそのまま「境涯」となります。

この上田先生の『西田幾多郎』は「一人の人間がどのように生きたか」を誠実に問いつづけ、そこにひとつの清冽な生涯を再生し、こういう境涯もあるのだ、と導いてくれる清々しい著書です。生きるとはどういう事態か、よい生きかた、よい生涯、ウェルビーイングとはどういう様態をいうのか。人間の一生の質、クオリティ・オブ・ライフとは何か、どのように自分に向き合い、自分の人生と格闘し、時代や社会に対し、自分の人生をいかに全うするか、それら重層する問いを改めて考え直すように語りかけてくる篤実な著書です。ウェルビーイングやクオリティ・オブ・ライフという使いふるされた言葉を、人間が生きるという事態、生きることの意味、人生や生涯の質などと読みとり、上田先生の著書に誘導されつつ、現代におけるそれらのありようを考えてみることにします。

◆人間が生きるための基本条件

人間は「場所」の上に、空間のなかに生きる。人間は通常、家庭という場所のなかに生を享け、人生をいろいろな場所・空間のなかで営み、そして終《つい》の死場所で生を終えます。場所なしに人間の生はありえず、人間は西田的に言えば「場所的存在」「場所内存在」です。人間が生を営み、人生を閲《けみ》する場所は小さな私空間や近親空間から公共空間へと拡がり、また自然環境や風土、政治経済環境、社会環境、歴史環境、文化環境など諸環境が重層するところです。広狭とりどりの私空間や公共空間を自ら選びとり、あるいは選びとられ、多様に絡み合う環境を選択し、あるいは絡めとられつつ、自らの生きる場所、J・V・ユクスキュル（一八六四―一九四四、『生物から見た世界』日高敏隆・羽田節子訳、岩波文庫、二〇〇五）の言う「環世界」（Umwelt）を見出し、そこをグラウンドとして生を営みます。場所は生きる上で不可避であるだけでなく、その質が生きかたや生の質にも直接に働きかけます。人間は、そして人間の生涯は、故郷とか安住安息の地とか、住めば都とか終の栖処《すみか》とかいうことばがいまも使われるように、場所に生成されます。それ以外に生の根拠はありえません。

場所という生のグラウンドの上で人間はいろいろなものとの「関係」を演じます。関係するものは親子関係、交友関係、異性関係、社会関係、金銭関係、仕事関係、学問関係など、他者、社会、世界、自然、環境、神仏、金銭、事物など際限なく、関係にあけくれるのが生というものです。仏教では事物も現象も生命もすべては縁《えん》によって生起し消滅するとします。存在とは縁起生です。縁とは関係です。ある時代に生きるのも縁、ある社会に生きるのも縁、すべては関係で、関係が存在のあかし、生の現象です。「歴史的社会的生」といわれるのは歴史的関係、社会的関係ということに他なりません。歴史的社会的存在として人間は諸物諸現象に関係して生きざるをえず、関係は生の必須要件です。人間はもとより諸物諸生命も関係的存在です。そして関係のとりかたが生の質、人生の質に決定的に作用します。

場所のなかにつぎつぎと関係を演じつづけるのが生きて在るということで、その経過・累積そのものが「時間」です。どこで何とどう関係するか、場所内での関係のしかたによって、経過し体感する時間は長くも短くもあり、充実もし空虚ともなり、快とも不快ともなります。関係の軌跡、関係の堆積もまたそのひとの生きてきたあかしであり、歴史的生です。時間は関係の渦中にあっても実感されますが、進行形よりも、過ぎ去ったあと、過去形において、記憶としてより実感されます。関係に要した努力や苦心、関係によって生じた成否や運不運など、それらは記憶となって人生に累積され、身心にしみ込んで有形無形の痕跡となります。痕跡はそのひとの癖となり習性となり、個性や表情となり、ひいては人間の味や人格、風格ともなります。場所の上に関係を営む軌跡、すなわち時間は、西田の生涯で言えば、境涯というものを生み出す土壌です。充実した諸関係から生じる時間は充実した境涯を生み、虚しく徒事に費した関係からは空虚な軌跡や記憶しか生まず、うつろな表情しか生みません。しかも時間はすべてのひとに一律に等しく流れるものでなく、公的な標準時間とはちがう個々固有の私時間こそが生の質、人生の質の決め手となります。与えられた公時間、限られた持ち時間のなかでの私時間の使用のありかたと質が、そのひとの表情をつくり、ひいては風姿をつくり上げます。

西田幾多郎の生は生涯にわたってぴんと張りつめていました。日常の生活も苦労多く不運つづきで緊張の連続でしたが、鬱勃する疑問、禅で言う大疑団とつねに向き合い、坐禅で自分を見つめ、存在と対峙し、つぎつぎと湧出する諸課題と緊迫の関係を持続しつづける営みから、風格ある雄勁な墨跡がおのずから迸《ほとばし》り、包容力ある毅然とした表情、厳粛にして滋味ある風姿がおのずからにじみ出てきました。境涯はそのひとの閲してきた時間によって生成され、その質も時間の質が決定します。

人間が生きるということは、他にも重要な要件が多々あるにしろ、基本は、「場所」の上に「関係」を営み、「時間」を紡いでいくことです。とくによく生きること（ウェルビーイング）、生きる質（クオリティ・オブ・ライフ）を考える上で、場所・関係・時間は基礎要件です。この三つとどう出会い、どう関わり合い、どう格闘するか、それらに向かう姿勢や行動、そこに生成する意思や思想によって、生きることの意味はそれぞれ異にし、その自覚のもとに、自分の生、人生が反省的に迫ってきます。自覚的生が、生涯を、境涯を、つくります。

◆環世界を生きる

人間を含め生あるものは世界という広漠とした空間に存在する。しかし実際には分節されず際限なく広がる空間に放り出されては生きていけません。生あるものはすべてそれに見合った空間に生きます。厖大な種類の生きものがそれぞれの身丈《みたけ》に合った空間を選び、棲み分け、重なり合い、ときに侵犯しながら、環境社会という無限定な空間のなかにそれぞれ位置を占めて棲息します。生きものは、取りまく無限定の環境、雑多な情報をもつ空間にあって、自らの生の持続に適った情報を知覚し、自らに必要なもの、受容しうるものを選びとって、自らの生存環境を構築します。漠然たる環境のなかから生きるに必要適切な情報を知覚し選択したところが、その生きものに「意味ある世界」で、そこが生存する環境となります。ユクスキュルの言う「環世界」です。

生あるものはすべて広漠たる無限定の環境のなかに自らに適切な空間を感じとり、それを自らの生きられる生存領域へと構築します。偶然に投げ出された環境にあってどう自らに「意味ある世界」を見つけ構築するか、それをさせるのが個体にしみ込んだ種の知恵であり、その個体の閲歴と記憶です。とくに人間にとっては、所与の無分節の環境にあって、自らに適した場所を知覚し、自らにふさわしいとする居場所、環世界を形成せしめるものは、当人の閲歴と記憶、そして意欲と想像力です。場所と諸関係のなかに培われ想像されたあらまほしい自分のイメージ、自分像です。人間もまたあらゆる生物と同様、漠然たる環境には生きられず、自分にとって「意味ある世界」「還世界」に生きます。環世界はひとによって広狭とりどり、安心・安全・快適の意味もとりどりですが、そこがそのひとの人生の舞台です。しかも環世界はひとが生きることと歩調を合わせて変容し、環世界がまたひとの生きかたや質を変容させます。生きることは環世界づくりです。先の三つの事態で言えば「人生」に関わる場所を構築することです。場所は人生のありかたや質そのものを左右します。

「孟母三遷」という古諺があります。孟子の母ははじめの墓地の近くの居所を孟子の教育に悪いとして市場の近くに遷《うつ》します。ついで商人を避けて学校近くに引っ越し、孟子が礼儀作法のまねごとをしてあそぶのを見て安心し、定住の地としました。孟子当人ではなく母の意思と母の想像する子の将来像による強引な環世界づくりです。環世界はこの古諺に見るように古来、重視されてきました。その上、今日では、医学が対象としてきた内部環境だけでなく、よき生存状態をつくるためには、外部環境もより重要であり、また内部・外部環境の境界も、関係的存在としての人間理解のためには考えねばなりません。それらの相互関係するところが環世界だからです。

西田幾多郎も内部・外部環境のせめぎ合いのなか、自らの環世界を生きます。人間誰しも所与の環境は必ずしも望ましいものとはかぎらず、意に満たず耐えがたい場所に生を営まねばならない事態もまま生じます。西田は東京帝国大学文科大学哲学科選科を卒業して帰郷、翌二十三歳、石川県尋常中学校七尾分校の教諭となります。前々年に西田家は没落しており、七尾湊町の大乗寺での仮住まいです。大学での成果も不本意、生活のための仕事も生活環境も意に満たず、身辺世界も精神状態も不安定です。そんな日常にあって西田は「毎日浜に出て長い間海を見て時間を過ごしていました」（上田）。「海をなんとなく眺め」、海と対話を重ね、海とリズムを合わせていること、外部と内部が呼応することが、西田にとって「意味ある世界」となります。不本意な環境にあって海とともにあるのが西田の見出し構築した「環世界」でした。永劫の運動を重ねる海と向き合うことで思索は深まり、苛立たしい俗環境から離脱した固有の環世界が確保されました。晩年、西田は京都の寒暑を避けて冬夏を鎌倉の七里が浜で過ごします。日課とした海辺の散歩から「私は海を愛する、何か無限なものが動いているように思うのである」という詞書きのある短歌が生まれます。

天地《あめつち》の分れし時ゆよどみなくゆらぐ海原見れど飽かぬかも

万葉集の「天地の分れし時ゆ」と「見れど飽かぬかも」を上下において、海とのリズムと思索の交歓を詠みます。ここにも戦時下の不本意な世俗環境を離れて構築された西田固有の環世界があります。西田は海との間に親密な小宇宙を構築するだけでなく、敗戦色濃い窮乏時、頻々たる敵機襲来と警報の響くなか、思索と執筆に心血を注いだあと、散歩の途次、もうひとつの小宇宙を見出します。「海辺を少し行くと行合橋の裏に静かな暖い小さな谷があり、午後そこに出かけ藁の上にねころんでいます。人一人いないので自ら空想の世界に入ります。（略）私の Happy valley とよんでおります」（久松真一宛書簡）。時局の躁状態下、独り占めできる静かな暖かい小天地、これも西田が知覚し見出し選びとり大切に構築した「意味ある世界」、固有の環世界です。海と交歓する環世界、山中の小庵のような幸せな谷間の環世界、それらはともにひとり慰め、ひとり楽しみ、ひとり充実する独自の小宇宙、幸せの時空間でした。環世界とは、歴史的社会的生を営みつつ、時代に呑まれながらも毅然と踏みとどまり、自分にふさわしい意味の世界を見出し確保することです。環世界は人間の場合、きわめて意志的所産です。

人間はどんな場所、環境にあっても、自分にひびき合うもの・情報を感じとり、場所を少しでも自分の意に適《かな》うものへと修正改修します。場所はたいていは所与でありながら、しかし、自分で改修してはじめて自分の場所、自分にとって意味ある世界となります。環世界は自分に意味あるようにと自分で改修しつづけるところに形成されるもので、そこに生きられる空間、生きるにふさわしい場所が自覚され、場所との共生が可能となります。そこに自分の成熟、場所の成熟がともに約束されます。よく生きること、自分らしく生きることの土台づくりです。自分で知覚し自分の想像力で自分らしいものへと構築する環世界は、自らの生存に不可欠であるだけでなく、よりよい生、ウェルビーイングの決め手でもあります。

◆さまざまな関係を生きる

漠然とした環境から自分に適切な情報を知覚し選択して構築した環世界には、いろいろな他者が存在し、多様な現象が出来《しゅったい》します。雑多に存在するものの間には寄生宿主、支配被支配、敵味方、相利共生など、さまざまな関係が生じますが、錯綜する諸関係にあって、さらに自らよしとする関係を選びとり環世界を安定したものへと創り上げていきます。私空間から身辺の小空間、公空間まで多層の空間にあって、どういう関係をつくり、自分をどう位置づけるか、それが生きる姿勢となり、生のスタイルとなります。さらに小さな環世界にとどまらず、環世界が大きな環境のなかにあってそれらとの関係において存在する以上、一個体であっても外部に広がる環境とも関係せざるを得ず、それが先のことばで言えば、「歴史的社会的生」となって現れます。

関係の安心・安全・快適・充実とはどういう事態か。西田幾多郎の生涯のなかにそれを見ることができます。西田の人生において家庭という私空間では、家の没落とか一時的な他人の介入による不安定があったにしろ、夫婦や父子の関係は安定し、敬愛で結ばれた安心の関係は一貫してありました。しかし一家の歴史そのものは不幸、不運の連続でした。実弟の死、次女と五女の死、妻の脳溢血と長い看病、長男の死、妻との死別、長女の死など、二十七歳での結婚から七十五歳での死去までの間、自らの幾度かの長期に及ぶ闘病生活を含めて、不安定の連続でした。親密な私生活空間をこれらの不幸がつぎつぎと襲い、充実した私空間でありながらも、見た目には明るく快適とは言えないものがありました。

しかし、内なる環世界の外《そと》では西田の周りに濃密な充実した関係が、友人間に、師弟の間に、必ず生まれました。個人的な関係としては、第四高等学校の青年期、北条時敬《ときゆき》との出会いは人生を決定づけるものでした。その家に寄寓を許されるほどに親しく師事し、哲学への道も示唆されるほどの全幅の信頼関係でした。北条はすぐれた数学者で、後年は東北帝大総長や学習院院長をつとめ、また今北《いまきた》洪川《こうせん》という傑出した禅僧に参禅した居士です。四高教師としてだけでなく、人生の師として、禅への道を示してくれた師として、西田は生涯、敬慕して止みませんでした。師と仰ぐ弟子、弟子を見守る師、厳しくも清々しい充実した師弟関係です。

充実の師弟関係だけでなく「四高の学生時代というのは、私の生涯において最も愉快な時期であった」と自ら言うように、十七から二十歳の間、大拙鈴木貞太郎、藤岡作太郎（国文学者）、山本良吉（教育者）らの同級生、一級上の松本文三郎（インド哲学者）、木村栄（天文学者）ら、生涯を通しての友人となるメンバーと文章・詩歌・思想を切磋琢磨し合う関係「我尊会」「不成文会」を創りました。能力や意欲、情熱や知性がぶつかり合う痛快不羈の交友関係、互いを知覚し吸引しあう人間関係です。そして客気溢れる青年たちの関係を見守る師北条との関係も篤く、師弟と仲間が研鑽しあう道場のような関係が「最も愉快な時期」をつくり出します。

四高中退後、東京帝大文科大学哲学科選科に進み、卒業後すぐに帰郷、七尾中学の教師や山口高等学校の教師を経て、第四高等学校教授に転じ、学習院、京都大学へ移るまでを金沢で過ごします。「金沢にいた十年間は私の心身共に壮な、人生の最もよき時代であった」と言うように、校長の北条の下、田部隆次（英文学）、堀維孝（国漢学）、三竹欽五郎（ドイツ語）ら終生の友人らと、和し、かつ研鑽の関係を結びます。よき人間関係が壮な思索と行動をよび、哲学への道を深化させると同時に、北条や鈴木貞太郎の刺戟も得て、生涯を決め、西田を西田たらしめたもの、禅へと接近させていきます。

四十歳、京都帝国大学に転じてからは、かつての仲間、松本文三郎や山本良吉も同じ大学にあり、桑木厳翼、朝永三十郎、深田康算、狩野直喜、波多野精一など錚々たる先輩同僚、つづいて田辺元や和辻哲郎、天野貞祐、九鬼周造らも加わり、哲学・美学・倫理学・宗教学・支那学にわたっての当代随一の研鑽世界、ひとがひとを、学問が学問を呼び合う環世界が現出します。そこに京都の自然環境、文化伝統環境が背景として花を添えます。よき自然歴史文化環境のなかに思索に専念しうるよき環世界が築かれ、よき同僚関係によって学問はさらに磨かれ、関係そのものも充実していきます。

京都大学にあって西田にとって最もよき関係は学生との間に結ばれました。久松真一、森本省念、山内得立、務台理作、三宅剛一、三木清、高坂正顕、西谷啓治、下村寅太郎、唐木順三、鹿野治助、高山岩男、沢瀉久敬、下程勇吉など、将来、日本の哲学・思想界を担う学生が年々西田の講筵に連なり、謦咳《けいがい》に接して震撼し、西田も彼らの熱をおびたまなざしと研鑽に共鳴し、独特の人間関係・学問関係が構築されていきます。のちに誇りをもって西田門下と称する学徒集団、京都学派です。北条と西田、北条と四高生仲間の小さいが熱気ある人間関係が、より洗練され、より高次の学問へと結晶してゆく厳粛にして清潔な人間関係、師弟関係です。関係は西田当人の学をさらに深化させ、門下生各々を成熟させていきます。関係という人間の環世界が生きかたを変え、生の意味を深めていきます。

人間関係だけでなく、西田にとって先にふれた禅との出会い、禅との関係は、思想と行動を律するほど生涯の決定的事態でした。朝に坐禅、午後に坐禅、夜に坐禅と日記に記す日々がつづき、すぐれた禅師への参禅がつづきます。坐禅することが修行研鑽の域を超え、日常のこと、平常底となるにつれ、禅は身体化し、禅が思索し、思索が禅と化していきます。かつて詩禅一致、剣禅一致、茶禅一致と称したように、学問と禅との一致です。禅と結んだ関係が西田の学問の核となり、西田という人間の背骨となります。哲学は禅との関係によって、学問としての哲学でなく、生きることとしての哲学へと深められます。関係の力です。そこに「我々の最も平凡な日常の生活が何であるかを最も深く掴むことに依って最も深い哲学が生まれるのである」という言も生まれます。西田と哲学と禅、この三者の関係は、充実した人間関係と並び、あるいはそれ以上に、西田の生きかた、生の意味に重要でした。

西田は身近な人びとや門下生、禅や思索との間に深く充実した関係を結ぶ他に、生きている時代や社会とも誠実な関係をもつことに努めました。西田は明治三年に生まれ、昭和二十年六月に亡くなります。生誕時は日本が近代化に向かってがむしゃらに駆け出すときで、その生涯は、日本が富国強兵のスローガンのもと、日清・日露の戦争を演出し、西洋に対抗して、八紘一宇の大東亜共栄圏という幻想イデオロギーに酔ったまま、日本国民のみならず中国や近隣国、東南アジア諸国に甚大な犠牲を強いた戦争のはて、敗戦で幕を閉じる日本近代史とぴたりと重なります。西田は近代化を急ぐ日本の歩みと精神の動きを青年、壮年、晩年期を通じて心身にもろに受けとめて生きます。学問の質もそういう時代との関係のなかに生まれます。日清・日露の戦勝に国を挙げて狂騒するときなど、国の将来を思い見、深く憂慮しては、時代と社会に対して誠実に対応します。十五年戦争間には「日本文化の問題」を論じ、日本の本来の姿を見つめようとします。つねに念頭にあったのは、生誕時からともにしてきた日本の近代化のありかた、東洋と日本の対話、禅を極めることで見出した「日本でなければできないこと」でした。「自分でなければならない仕事をする」を実践するとき、日本でなければ、という課題も仕事でした。ともに生きている歴史的状況と社会的状況は、外部のことでなく、自らの内部のことであり、そこにこそ向き合わねばならない問題がありました。時代と社会と深く関係を結びつづける生が歴史的社会的生であり、社会や時代と誠実に関係を結ぶことが即ち誠実な生涯です。

◆時間を紡ぐということ

どういうひとと、どのように関係していくか。どういう問題や課題と関係し、時代や社会とどう関係を切り結んでいくか。それが、生の意味、生の質を決定します。環境や場所が基盤でありながらも、そこで何をどう知覚し、どう関係するかは、きわめて自覚的選択であり、自主的行為です。そして場所の上につぎつぎと諸事物や諸現象と向き合い諸関係を結び、環世界を構築してゆく営みそのものが生きる「時間」となります。時間とは場所の上に演じられる関係が紡ぎ出すもので、万人共通に流れる時間、公時間とはちがったきわめて個人的、自覚的なもの、私時間です。私時間をどう自覚し、どう充実させるか、そこに生きることの充実があります。

環境のなかに生きるために必要な情報を知覚し、自分に意味のある情報を選択して構築されたものが、その生きもの、その人間の固有の環世界であるように、時間も環世界同様、共通の標準時間とは別に、個々人が実感する私的なものです。「われわれは客観的時間の中に生きているのではない。われわれが生きることによって、われわれはいろいろな時間を手に入れている」（V・ヴァイツゼッカー『生命と主体―ゲシュタルトと時間／アノニューマ』木村敏訳注、人文書院、一九九五）のであって「生物（学）的／生命（論）的時間は同時に主体的／主観的時間でもある」（同）のです。生きることは客観的時間を消光していることではなく、環境の上に諸関係を多重に、緩急濃淡さまざまに営むことで、生きていることを実感することです。私時間の自覚です。生きるとは自分の生命的／主体的時間の自覚、創出、持続ということです。

　西田幾多郎は生涯を七尾、金沢、京都、鎌倉で過ごし、場所ごとに自分にふさわしい環世界を見出し、ヨコに身内や友人、門下生などと関係し、さらに広く社会状況と誠実に関係し、タテに師弟と関係し、近代日本の歩みと深く関係してきました。歴史的社会的生とは自覚的なヨコとの関係、タテとの関係の謂《いい》で、歴史的社会的関係のなかにあって、しかし、西田はつねに「我一人」の生を実践してきました。すでに金沢時代に「人は人吾は吾　吾はわが誠を尽すより外なし」と友人に言明したように、「吾は吾」は生涯を貫く信念であり、生きかた、生きる姿勢でした。定年後の最も濃密凝縮された思索の時期には、

　　人は人吾は吾なりとにかくに吾行く道を吾は行くなり

という歌が詠まれます。誠実にひとと関係しつつ、とりわけ内なる課題に誠実に関係しつづけ、自ら

の道に誠実でした。「誠を尽す」ことによって「我」の主体的／主観的時間は充溢します。西田は思索に厳しく、それ以上に自分の生きかたに厳格でした。「誠を尽す」のは他者に対してだけでなく、より厳粛に自分に対してでした。誠を尽すことによってゆるぎない「吾」「吾一人」が自覚されます。誠を尽したあとには自分への悔いは生じません。家族の不幸や親しい友人の不幸に接して痛恨の思いや渾身の悲嘆を幾度も重ねましたが、こと「吾」に対しては、深甚の反省や自戒はあっても、歩んできた道、閲してきた時間への悔恨や嘆きはありません。「吾行く道」をひたすら歩一歩踏みしめて行くだけです。それが自ら選びとった生の姿勢で、その道程、その時間の堆積ににじみ出てくるのが「境涯」というものです。上田さんが「境涯は、生活という面でのみ成り立つような生き方、そういう方向をはっきり断ち切るところから初めて出てくるもの」という、その境涯です。「吾が道を誠を尽して吾が行く」姿勢は、生活の営みにあってそれらからなお吾を截然と断ち切ったところに生まれます。平常底を大切にしながら、しかもそれらへのとらわれを去ったところに生まれる姿勢、風姿が境涯です。それは先にふれた「呼吸するも一の快楽なり」という豁然と開かれた境地です。生きる姿勢がこういう表現をとらしめ、こういう表現がまたこういう生きかたを導きます。生きかたが時間をつくり、時間が生きかたをさらに醸成し、充溢した時間の累積が境涯をにじみ出させます。吾《わ》が時間の熟成が、熟成の境涯となっていきます。今日、境涯ということばを思い浮かべさせるひとや生きかたが殆ど皆無なだけに、西田という存在は、人間の生、生きかたを考える上で見るべき殷鑑《いんかん》です。

◆ウェルビーイングとは

上田閑照先生の『西田幾多郎』に導かれながら、西田の生きかたから、人間が生きるとはどういうことか、生きる質は何によって決まるか、などをウェルビーイングと結びつけて見つめてきました。上田さんの言う生涯の三要素、人生、歴史的社会的生、境涯を、生きる基本三要素、場所、関係、時間に附会して、生きることの意味を考えてきました。

ここまでは個人の生きかた、生きる質を見てきましたが、ついで視野を広げ、今日的状況のなかで、個人を含む共同の生の質、共同のウェルビーイングを考えることにします

ひとは場所に生きる場所的／場所内存在であり、場所のなかに夥しい関係を結ぶ関係的存在です。自然や他者や社会や世界、諸物や諸現象との関係なしに生は営めません。そして諸関係との営みがすなわち時間の創生となります。生あるものはすべて個で生きられず、場所的／関係的存在です。相互共同存在です。人間が各々に構築する環世界は、自閉する私空間であっても、つねにそのなかに他者の存在はあり、親しい環世界から私を共有する公共空間という環世界まで、人間の構築・生存する環世界は、大小を問わず、つねに他者も参入している相互共同環境で、相互共同存在は生きている基本条件です。生はつねにいろいろなものとの共同の営み、そして共同の創作物です。しかも共同のありかたが個の生の質、共同の生の質を左右してきました。

個々人の身体は、呼吸系・消化系・神経系・情報系など諸機能をもつ諸機関・諸臓器など膨大な部

分・部品の有機的集合体、それらが相互に協働し合う部品の統合体です。同様に、相互共同存在がつくる共同体や社会も、有機的集合体である個人がそれぞれ独立の部品・部分として相互に連関し合う有機的集合体、部品の統合体です。個体として自立し各々の環世界をもちつつ、それら厖大な個体が、個体内の諸器官のように、相互に連関し合う有機的集合体、「人は人吾は吾」でありつつ、各々の環世界が相互協働する統合的環世界が、私たちをとりまく社会です。

有機的集合体、統合的環世界では特定存在の優越、優遇は認められず、許されず、各々は自立しつつ他を侵犯することなく、相互協調、相互扶助的な生が営まれます。個々の生が相互共同、相互協働に依存している以上、個のウェルビーイングもまた集合体全体のウェルビーイングに依存していま す。ちょうど個体の健康が相互に連関し合う器官・部品によって保障され、一部分の欠損や不全でも不健康を呈するように、個々人の健全な生が共同社会の健全を保障し、また共同社会の健全があってはじめて個々人の健全は保障されます。部分は各々自立しつつ全体を形成し、全体は部分を包摂しつつ部分を保障します。

各々、吾は吾でありつつ、各々の環世界を認め保障し、相互共同によって共同的集合体社会が創出されます。共同体社会は所与のものではなく、個人という部分が個々の自覚のもとに他と協働して構築するものです。生物が自らに適した情報を知覚して漠然とした環境のなかに自らの環世界を構築するように、共同体社会も個々の環世界を包摂しつつ集合的環世界を構築します。集合的環世界とは、すなわち共同でくらす社会です。その目的は集合的環世界＝社会の安心・安全・快適・充実です。集合体そのもののウェルビーイングです。集合的環世界＝社会のウェルビーイングが包摂されている個々のウェルビーイングを保障し、その保障のもと、個々がそれぞれの能力、感性、機能を発揮し、相互に協調協働することによって、さらに集合的環世界は充実の度を加えます。部分と全体の相互の有機的連関なしには一個体から集合体、社会まで、それらの生の質は保障されません。

集合的環世界＝社会に生を享けて、いろいろな関係をもち雑多なことを演じながら何十年かをそこに存在しつづけることは、思い見ればふしぎなことです。この世にひとが生きるということは、平凡に見えて、驚くべき事態です。何が意味ある生きかた、豊かで充実した生であるか、誰しもが問いつつ、納得しえないままに人生は消費されていきます。西田幾多郎は「人は人吾は吾」として、「吾行く道」を「吾」は行きました。そこに西田のひととなりと人生、歴史的社会的生が形成され、「誠を尽す」時間の営みに境涯が現出しました。個の生は、内には修行のような研鑽によって、外には社会に歴史に、東洋西洋に開かれた問いかけ働きかけによって、充実したものとなりました。度重なる災厄や不運不幸、時代や社会の暗雲のなかでもその環世界がゆるがず、充実していったのは、毅然とした剛気な「吾は吾」の自覚によるものですが、同時に、世界への開かれた姿勢、使命感によるものでした。ウェルビーイングを、よく生きる、自己納得の生と解すれば、西田の生は時々刻々、自己の切磋琢磨によって創り出されたウェルビーイングでした。

場所に自らにふさわしい環世界を見出し、諸関係を豊かにし、吾が道を行く私時間を充実させ、内部の充実だけでなく、関心と行為をつねに外に開き、個の存在する集合的環世界に協働するとき、部分としての自己は相互共同存在として安心・安全を保障され、関係的存在として快適と充実を自覚することになります。個のウェルビーイングは他のウェルビーイング、共同のウェルビーイングとの相互の錬磨によって創り出されます。ミーイズムが蔓延するばかりかそれを是とするパーソナル化社会にあって、ウェルビーイングは個の問題であるよりは、より社会の問題です。宮沢賢治はひとり幸せになっても仕方ない、みんなの幸せ、社会の幸せがあってこそ幸せである、として、菩薩道を実践しました。菩薩道とは個を超えた歴史的社会的生の実践です。

◆西田から宮沢賢治、そして寅さんへ

経済学や幸福学では、豊かさや幸せや充実の生を、通常、一にお金、経済的豊かさ、二にやりがいのある仕事、三に健康、四によきパートナー、よき関係、と考えます。しかしそれらは生の質の評価の基準ではありえず、そんなことによって生の充実は達成されもしません。生きる質はそんな表層で満たされるものではなく、個の問題から離れ開かれたところに基準はあり、もっと歴史的社会的かつ相互共同的な時空間でこそ達成されるものです。みんなと共有する場所・関係・時間を、個々の充実をはかりつつ、みんなの協働によって充実させ、さらに創造的な場所・関係・時間へ、より充実した相互共同的環世界へと創り上げていくところに個の生、みんなの生の充実は約束されます。創造的生こそが個をつくり、共同社会を変えます。何に対しても創造的であること、場所を創造し、関係を創造し、時間を新鮮に創造すること、それがこれからの幸せの尺度であり、創造性こそがウェルビーイ

ングの基準となるはずです。創造性とは、つねに「吾は吾」として自らに責任をもちつつ、共同社会に自らを開き、歴史的社会的生を誠実に責任をもって生きることに他なりません。

西田幾多郎を例としたせいもあって、むずかしい印象を与えたかもしれません。しかし、厳粛な哲学者にして、平凡な日常の営みを大切にし、そこを充実させたがゆえに、深い思索と平常底に依拠する人間学としての哲学と、落着いたウェルビーイングがもたらされました。教師にして詩人、童話作家の宮沢賢治も、親しい生徒たちとの日常の共同作業のなかにウェルビーイングを見出しました。ウェルビーイングは日常性のなか、共同性、社会性のなかに気づかれ、実践されるものです。

日常性、共同性、社会性といえば、私たちが普段の姿のままにする営みです。普段のままに、日常のなか、共同体のなかに入り込んでいくといえば、すぐに思い浮かぶのが『男はつらいよ』の寅さんです。寅さんは自分自身もウェルビーイングの生を全うし、かつ周囲もウェルビーイングへと導きました。

生きかたにおいて、西田幾多郎から宮沢賢治、寅さんへと意外にも通底するものがあるのです。通じ合うものは何か？　以下、第Ⅰ部、第Ⅱ部を通してそれを考え、かつ結論において、三者が親しく手をとり合う姿を見とどけたい、それが本書の筋書きです。

第Ⅰ部

個としてのウェルビーイング

よく生きること、よい生活、よい人生、よりよい生存──
ウェルビーイングは誰しも願うところである。
日々の願いであると同時に、人生の究極の目的であり、
ウェルビーイングの追求と実現は、
大きくは人間社会、人類の最終目標である。
しかし、個々の人間の差異や、社会、国家、民族、
宗教等々の違いによって、
ウェルビーイングの内実は異なり、
ウェルビーイングへの道は容易に拓けず処方も見出せない。
［Ⅰ］では専ら個人の生きかたに即して、
従来多様に工夫されてきた生老病死への対応事例から
ウェルビーイングの処方と実践を瞥見し、
望ましいクオリティ・オブ・ライフへ、
ウェルビーイングへの道を模索・推究する。
人間学としてのウェルビーイング学への一歩である。

1 ケア
——他者とともに生きる作法

◆感覚でつながり合う生

世に「三猿」というものがある。青面金剛童子の使い猿、「見ざる、聞かざる、言わざる」の三匹の猿で、関東一円の社寺に見られ、とくに日光東照宮の彫物《ほりもの》で知られる。他人の欠点や世のなか、とくに権力者の都合の悪いことなどは見ない、聞かない、言わない、自分に不利なことは目をつぶり耳を塞ぎ、言わない、そういう世渡り作法を彫物や絵に表して教え知らせるものである。江戸幕府の初期の圧政下につくられた徳川家の廟所に「眠り猫」といっしょに、孝子譚など儒教倫理による多くの教訓用彫物と並べて、高所から参拝者を見下ろすところに飾られているところにも、隠微な魂胆が窺われ、眠らされる猫同様、三猿は喧伝されるほど素直な教訓ではなく、愚民政策の偽装と見るべきものかもしれないのである。

見る、聞く、言う、これらは人間にとって基本の能力で、外部や権力によって封じ込むようなものではない。にもかかわらず、見ず聞かず言わないことが善き作法として、絵解《えと》きされ、訓戒の教材とされてきた。見、聞き、言うことにも制限を設け、青面金剛童子の許可するものだけを許し、その他を余計なこととして見るな、聞くな、言うな、というのである。上からのこういう感覚制御も非道であるが、また、自由に見、聞き、言うことができる立場にあっても、違った三猿がこの世には多く出現した。自分に都合のよいことだけを見、聞き、下々《しもじも》には目をくれず、民意という声に耳をかそうともせず、言うことも自利自衛のことと台本のみという一猿にして三猿を兼ね具えた猿もいるのである。これもまた感覚障害である。見る、聞く、言う、こういう基本感覚・能力ですら、古来、そしていまも、自由に自在に自分のものとして発揮しえているとはいえないのである。

生きものはすべて感覚によって自らが適応できるものを知覚し、そこを生存の時空間と選択して自らの生きる環世界としてきた。なかでも視覚は基本である。「見る」ことは、対象を素直に見ることから、見つける、見とめる（認める）、見知る、見入る、見覚える、見惚れる、見慣れる、へと深まり、また「まさぐる」ような「まなざし」で対象・相手を見、「まなかい」に浮かべては、見出し、見かわし、目と目を合わせ「まぐわい」し、見定めもする。対象・相手への姿勢によっては、見張る、見守る、見舞う、見とる行為となり、また、見積もる、見合わせる、見下げる、見くびる、見損なう、見透かす、見限る、見放す、見捨てるという所業ともなる。やさしいまなざしもあれば、冷たいまなざしもあり、生きる上でさぐるような目も必要ならば、心こめて見やり、目をかけ、見込み、目を配るいたわりの目もあり、人間にとって最も耐えがたいこと、無視、見殺しにする目もあった。見ることは生存の場をつくる尖鋭のセンサーであり、あらゆるもの・こととのコミュニケーション・

ツールであった。その目が、しかし、いま人間関係や社会環境内で必ずしも健全であるとは言えない状況にある。

「聞く」もまた対象・相手との関係のなかで、聞きおく、聞き納める、聞き流す、聞き捨てる、ような冷たい態度から、聞きおとす、聞きもらす、聞きとどける、ような横柄・粗略な態度、さらに、聞きとる、聞きとがめる、聞きただす、聞き返すような無神経な姿勢もあり、聞き知る、聞き込む、聞き入る、聞き分ける、のような積極的な介入姿勢は「見る」に比べ少ない。しかし清聴とか傾聴など、聴診も含め、心こもった面ももちろんある。

「言う」となると「聞く」よりもさらに日常面では冷淡かつ険悪な言い廻しが多い。言い合う、言い張る、言いつのる、言いつける、言い立てる、言いくるめる、言い切る、言い放つ、言い含める、言いふらす、言い渡す、など、心通わすコミュニケーションとはほど遠い行為も多く、言いなりになったり、言いがかりをつけたり・つけられたり、言いそびれたり、言い開きし、言いわけをするなど、言い合わせ、言い消し、言い直し、言いつくろい、言い逃れることに汲々とする。ときには黙殺という必殺技すら口にはある。口は禍《わざわい》のもとであり、凶器でもあった。それでも「言う」の同類「話す」「語る」となると、話し込むとか、快い語り口や語らいで語り明かすということもあるように、味わいある関係の導きでもあった。

見る、聞く、言う（話す）という基本の感覚・能力でもこのように差はあるが、それは「見る」が他の行為にも大きく介入するためである。顔を見ずに聞き、話すのは心ここになしとされ非礼の振舞いである。目は口ほどにものを言い、見ることで聞くことも、言う（話す）ことも誠実味を増し、コミュニケーション力は高まる。アメリカの心理学者A・メラビアンは、対話において互いにどのように聞いているか、話し手が聞き手に与える印象を検討し、内容つまり言語情報七％、身ぶりそぶりなど見た目の視覚情報五五％、声の調子などの聴覚情報三八％という結果を得た（メラビアンの法則、鷲田清一『まなざしの記憶』TBSブリタニカ、二〇〇〇、による）。見た目の印象が過半で、見ることと、その質によって聞くことも左右され、内容理解も変化していくとなれば、対面関係にあるとき、とくに教育や医療、看護介護や養護などの現場では、見るという感覚的行為は改めて意味を検討されなければならないであろう。早い話、医師と目をそらさず話し聞き、教師と向き合って顔を見て話し聞くとき、相互信頼ははじめて確認され、相互理解は深まってゆく。話の内容から人間そのものの理解まで、理解の土台には「見る」ことがあり、それが耳を傾けさせ、話を誘い出し、理解へと導くのである。見るという基本感覚・行為を疎かにしてよき人間関係はありえない。私たちは他者や外部や環境と感覚でつながり、知覚をもとにそれぞれの小世界を構築してゆく。その初源の力となるのが感覚力であり、わけても視覚、見るという力である。

「見ざる（猿）」は、見ていながら狭い範囲のものしか見えない狭窄症と違って、より悪質である。見えていながら見ようとせず、聞こえるものも聞こうとせず、話しかけに応じず、わがことのみを言いつのる「宰相A」（田中慎弥の小説タイトル）に似た教師や医師も、対面的仕事にもかかわらず、依然多く、相互理解があって可能なケアを考えるとき、五感の交感し合う力の見直しは出発点である。

見ることは、自分を見ることを含め、他者や世界とつながる上で不可欠の作法である。上下でなく同じ平面で、目を向け目をかわし見つめ合って話し聞く、こういう日常の飾らない感覚行為こそは人間関係の原点であり、相互依存し合う人間、ケアし合う存在としての人間にとって、原初のケア景、人間関係図であるはずである。

◆理解しふれ合うということ

見る、聞く、言う、この三つはコミュニケーション活動に必須で、これらを通じての自他、内外の交通、交渉、交信、交流、交際、交情、交友は基本作法である。五感を通じての相互知覚、相互確認から共感や共和、親睦や和親、協調や協働なども生まれ、寄生や依存、対立や競合なども生じる。人間は自らの生活世界のなかで他者とつながり、社会や世界へと導かれ、それによって関係的存在としての自分の世界内位置を知り、認識を通して関係を修復したり推進したりしてきた。五感という感覚器官は自他・内外を結ぶ導線で、それによって相互の関係を探知し、相互に棲み分けて生きる。それが相互関係的存在の謂《いい》である。相互関係的存在である限り、何と、どう関係して自らの生活世界をつくるか、関係の質は個々の小世界からより広い生存環境まで、生の質を決定する。いろいろなものとの良好な関係を求めて、ひとは他者や対象を見、見分け、聞き分け、話しかける。それら見、聞き、話す行為が相互の認識、承認、信頼を深め、関係の質を高め、関係の質がまたそれら基本の感覚的行為の質をも高めてゆく。

認識、承認、信頼が安定したものとなるには基本の感覚行為にも工夫、努力が要請される。人間は「見る」だけでなく、ひとに「見られている」ことだけで意識も感覚も変わる。ひとに見られていること、見られていると意識することによって、見る者見られる者ともに自分でありうる。見られている、見てくれているということの単純な認識が人間を育て、安心させ、成長させ、見・見られるという相互関係のなかにはじめて互いの真の理解も認識も承認も信頼も定着してゆく。

互いに見、見られることによって聞くことも疎《おろそ》かにならず、相互認識や信頼があれば互いに心と身体を開いて聞くことができ、話し語りかけることにも心がこもってくる。医療でも教育でも、口を挟まず、すべてを聴きとり、聞き分け、相槌《あいづち》を打つなど、聞（聴）くことは基本の臨床知、臨床作法である。それによって相互の関係、認識、承認、信頼は向上してゆく。心身を開いた感覚行為は人間本有の人間知、人間作法である。

聞くことと言う（話す）こととは相互協働のセット行為である。よい聞き手、聞き上手が、相手の口を滑らかにし、話をはずませ、話し上手にもする。話し上手はまた関心をそそり、耳を傾けさせ、聞き上手にもする。互いを見て話し聞く、この相互の協働のなかに話が相互の関心を盛り立て、相互理解を深め、相互の承認と信頼を深めてゆく。場所と関係を共有し、話題を共有し、同じ立場で見、聞き、話すことで感性が共有され、理解が共有され、そこに心身共感の場を演出する者同士の温かい関係ネットワークが共時的に体験され、さらにコミュニケーションを深めようという意欲も深まってゆく。

目を見て話し聞く行為による相互信頼関係をさらに深化させる行為がある。もうひとつの感覚、触覚による感覚行為、「ふれる」という行為である。見診、聞診、聴診から触診に至るように、ふれる行為が相互関係を大きく変えてゆく。「ふれる」ことは医療や教育などの現場では、手をさしのべること、手をふれること、手当てをすることである。ふれるためには相互の承認と信頼がなければならず、かつ、そばに居ること、時空を共持することが条件である。ふれることはどういう事態で行われるか。場所や空気が硬直しているとき、表情や心身がこわばっているとき、苦しみや困窮、わだかまりやもつれに就縛されているときなど、固執や硬直、執心や拘禁の状態をほぐそうとするときである。そばに居てふれることで互いの心身が開かれ、開かれることで理解が生じ、くつろぎが生じ、信頼が生まれてくる。ふれる行為は、先の三つの基本行為の上でなされるとき、相互関係を一気になごませ、優しい癒しへと導いていく。いのちといのち、心と心、身体と身体とがふれ合うことで、感覚の交感によって、理解は体感的なものとなり、しみ込むように信頼も体得されていく。

場所にふれる、文化にふれる、芸術にふれる、神秘にふれる、などと言う。対象にふれることは体感知、感覚知でありつつ、理性知のはじまりでもある。「ふれることを欠いた知ることはともすれば単なる知識のための知識に堕する」とされ、「ふれるということが、あるものをあるものとして見分け、知るということよりも深くより根源的な経験である」（坂部恵『「ふれる」ことの哲学』岩波書店、一九八三）とされるのも、身体感覚による心身への浸透知であるからである。目でふれ、身体でふれ、心や気持ちでふれ、場所をともにしつつ互いにふれ合い、臨機応変、心身や状況の様態変化に即応対処していくのが臨床知、臨床作法とされるゆえんである。ふれることはもろもろの感覚知、感覚行為の集約知で、関係的存在である人間の関係の質そのものを決定づける統合作法でもある。

見る、聞く、言う（話す）、そしてふれる。場所を同じくし時を共有し、そして対面するというこれらの行為は、多様なコミュニケーション・ツールが介在し、コミュニケーションも人間関係も間接的となり、場所も時間も異にするのが常態化した現在、いかにも古風な直接的行為である。直接性は当然、場所を同じくし、その時空間に責任を要求する。ひとはひとに対して、P・リクールの言う「有責性」を、直接的場面ではより直接に要求され、ことばやしぐさ、行為に対し、自らへの責任は言うまでもなく、相手に対する有責性は直接的である。自らを意識しつつ、つねに他者を意識し、ピンポンのように行き来する自他の意識は他の意識によってそれぞれより明確化され、変化もし、かつ双方の意識の止揚によって自他ともに変容してゆく。こちらが変容すれば相手も変容し、見、聞き、話しつつ、心身の深部でふれ合いつつ、自を読み他を読み、理解と信頼を深めてゆく。自は他に対して責任を有し、他もまた同様である。人間関係は自他の直接的関係のなかで有責性の自覚によってさらに深化、成熟してゆくのである。成熟への人間知である。

◆場所にあるということ

人間は関係的存在であると同時に場所的存在である。居場所なしに人間の安心立命はなく、関係もありえない。「そこに居る」ということ、その自覚が個々を生かし、形成し、自他や内外の関係の認識を促し、関係に責任を有することを意識させ、人間を成長・変容させていく。場所は人間をはじめ存在するものすべてを摂取し、それらを生成・育成する土台であり、存在するもののコモンズである。しかも所与・既成のものでありながら、存在するものすべてが働きかけ協働してつくり上げてゆくもの、共創するものである。場所内にともに生きるということは、場所内に存在するものすべてに対し責任をもち、場所を汚さないとか占拠しないとか、場所に生きる共同知と作法を共有することである。私たちは有責性の自覚の上に、場所とともに場所に生き、場所を共創して生きていくのである。

生存の保証の基盤、そこでのみ共生しうる空間、そういう場所のなかで生きる共同知、共同作法とは何か。場所は生あるものすべてを支え育み包容しつづける多産なものである。その多産な場所とどうつき合うか。まず、場所は共有財であるという相互了解がベースとならなければならない。場所に生きる上での基層心性の涵養である。場所の共有によってそこにあるものに共通心性が通底し、個々自立しつつそれら個別の集まりによって多産にして多義的な場所がつくられていく。小は一人の出会いから大は地域や国土まで、たとえば、沖縄の辺野古への対しかたを見てもわかるように、参加者の共創によって場所は表情、個性を生み、風土色や地方性、風合《ふうあ》いをつくり出す。場所は歴史を通じてそこに生きるものの協働によってつくられ保持、改変されてきたがゆえに、安心できる居場所となり、通時的に共時的に見守られてきた場所であるがゆえに、みんなとつながる親密空間となりえた。

場所は存在するものすべてをケアする母胎である。生存環境において居場所は最も安心で安定したケア空間で、場所への信頼が身内のような敬愛や和睦、親密さや甘えの気持ちも生み出した。場所が親密空間、ケア空間であるためには、存在するものがそれぞれ居場所をもち、互いにそれを承認し合い、強弱深浅硬軟とりどりの関係をとりながら、見、聞き、話し、ふれ、寄り添い、支え合い、面倒を見合い、深入りしない相互協働、強制でない相互扶助に努めなければならない。親密空間もケア空間も持ちつ持たれつの関係とその自覚のなかに定着していく。

共創された親密なケア空間としての場所は、参入しているものすべてに居場所、持ち場があると体感させてくれる。場所とそこにあるもの、その双方から承認されているという感覚によって安心を得、場所とも他者とも融和できる。しかし各々が思い思いに居場所を確保することは、いかに場所が開放的で包容力があり多産であっても容易ではない。場所は雑多なものをすべて摂取するだけに一枚岩ではなく、多重多層構造をもつ（清水博『〈いのち〉の普遍学』春秋社、二〇一三）。親密空間もあれば非親密空間もあり、居心地のよい場所・悪い場所もある。また存在するものの質や好み、感性や思想によっても、開放空間や閉鎖空間など、さま変わりし、変わることによって場所は表情、個性を変え、新しく創られもし壊されもする。多重多層構造をもつ場所は何でもそこで活動させうるグラウンド、何でも演じさせうる舞台である。場所は存在するものの生の活劇、自分を生き関係を演じる演技場である。生のドラマの舞台、関係活劇のグラウンドではひとり芝居や競技は許されず、協調、協働、共演、共創というドラマツールギーによって演劇、競技はなされる。その演劇、競技が片利片害なく、参加するものそれぞれが場を得、場があり、役があるとき、舞台もグラウンドも生気に満ち、各々は自己発散、自己表現によってケアされた。よい舞台、よいグラウンドは、よい芝居、よい運動を演じさせ、それぞれを公平平等に慰安しケアし、またよい芝居、よい競技がよい舞台、よいグラウンドを創り上げた。ケアとは、先にみた平常の感覚行為のように、日常的な振舞い、演技のなかにこそその原初景があった。わざとらしくないケア、強制でないケアは日常行為のなかに胚胎し、自然体のケアが生存の場のなかに浸透していき、場所そのものも心許し合う親密ケア空間へと向上していくのである。

人間とは自他をケアする存在である。ケアとは他者をケアする前に自らをケアすること、セルフ・ケアが本来のケア、ケアの原点である。セルフ・ケアとは自分の抱く自分イメージで自分らしく自分をつくること、自分の世話をやくことである。個々が他を侵犯することなくそういうセルフ・ケアを専らとするとき、自立しようとするもの同士の演じる関係は活気を呈し、ドラマや競技は生き生きと展開して、舞台、グラウンドとしての場所は精彩をおび、より多産となっていく。「ひとがやがてじぶんでじぶんの世話をする（セルフ・ケア）ことができるよう、そのための準備を助ける」こと、「介護とはそういうセルフ・ケアのケアのことなのであ」り、「他者のケアとは他者のセルフ・ケアをケアすることである」（鷲田清一『まなざしの記憶』ＴＢＳブリタニカ、二〇〇〇）と言われるように、ケアは自他相互支援的な行為、ノリ・ノセられる演劇的行為である。スポーツの連携プレーのように、相互関係としてのドラマ的行為である。関係のなかで自分を演技しつつ、自他の求めることを察し合って手をさしのべ合い、演劇や競技を盛り立て創り上げていこうとする行為、慮《おもんぱか》りの作法がすなわち相互ケアとしてのセルフ・ケアである。ひとりの演技の充実は、関係を乱さず共創に努める限り、おのずから他者の充実、関係と場所の充実となり、全体ケアとなってゆく。ケアは場所のなかにこそ生まれ、場所にケアの原初景があった。

◆互いにケアし合うケア的存在

場所はそこに参加するものみんなで創るものである。全員がそれぞれ自分を発揮しうる舞台であるためには、役割づくり、ドラマづくりはみんなが納得できる協働創作でなければならない。場所づくりは互いに目をかけ合い、ことばを交わし、聞きとり、ふれ合いながら、親密性を高め、相互の認識、承認、信頼を培うところからはじまる。そこでの心得・作法は、公平平等の立場に立ち、とくに弱者の側に寄り添って、それぞれの持ち味と能力を活かしつつ、相互に気を配り、互いにとりなし、セルフ・ケアしつつ互いにケアし合い、相互向上と場所の改善に努めること、すなわち自他と場所と関係への心こまやかなホスピタリティである。慮り、もてなし、心配り、察しと気づかい、相互ケアの渾然融和した心得・作法がホスピタリティで、ホスピタリティの交換、交歓から、手塩にかけた手仕事のような場所、手に手に手腕を発揮した手づくりの舞台が共創される。そしてともに創り上げた舞台の上に、これまた手さぐりし手助けし合い手入れしつつ協働で仕上げたドラマが動き出していく。ドラマそのものが手づくりのケア、日常というドラマを生きること自体がケアとなって、場所にしみ通り、場所にあるもの全員の心身に体感されていく。

場所という生の舞台、グラウンドに展開するのは、生きるというドラマや物語であり、競技やあそびである。ときにはそれらの営みを忘れさせる空間、すべての俗事からの解放あるいは逃避のアジール、空っぽの「間《ま》」空間と化して、何も要請されない安逸が展開する。場所に演劇や競技、あそび、あるいは無為がなければ場所は場所たりえない。それらが作為なく無理や強制でなく日常態で展開するのが居場所で、それらがナチュラルであればあるほど、場所もそこに存在するものもナチュラルとなり、自然体での生が営まれる。自然体で見、聞き、話し、ふれ合う親和空間に生を営むこと、すなわち作為でないケアを生きることが、場所の原初景である。そこに場所の表情や味わい、風合《ふうあ》いが生まれてくる。場所につぎつぎと物語が生まれてくる。ドラマや物語をみんなで関係し合って共創することが生きるということで、ドラマや物語は生の証しであり、生きた時間の軌跡である。

物語は場所のなかで語られ聞かれて物語となり、語り手もケアされ、聞き手もケアされる。ドラマも演じ観られて、演じるもの相互のケアとなり、観るものもケアされる。物語もドラマもともに上から下へと提供されるものでなく、日常の普通の営みで、主客が水平で交流し合うところに共創される。「〈かたる〉ことが、分裂ないし距離をはらみつつ統合するという二重の働きを通じて意識と世界の〈かた〉〈かたどり〉を出現せしめる作用であり、この分裂ないし距離をはらみつつ統合する二重の働きという点において、それは、時間の働きと通底し、おなじ構造を共有するものにほかならない」ない（坂部恵『ペルソナの詩学』岩波書店、一九八九）と言われるように、語ることは語り手の内部を統合し、かつ主客をも統合し、世界へとまとめ上げてゆく。しかも語りは「つげる」などという上から下への垂直的行為と違って水平の言語行為である（坂部恵『かたり』弘文堂、一九九〇）。場所内にあるものに水平に語りかけ、聞くものも対等に応じ、時には話を挟み、注文をつけ、主客相和して、演劇的時空間を共創し展開していく。場所の広狭、人数の寡多によりドラマも物語もあそびも競技もとりどりの展開となるが、わざとらしさや作為は禁物で、ホスピタリティを基とした相互交流のケアがおのずからドラマとなり物語となり生活となるのである。そういう物語ある生活景が原初のケア景である。生きることと物語やドラマやあそびなどの表現とケアが渾然と和睦する景である。

◆場所と関係を共創する「座」文化

古くから仲間や師弟やグループなど心許した関係のなかに真に心やすらぐ物語やドラマやあそびが数多く営まれてきた。日本文化のなかにそういうケアのモデルというべきパフォーマンスが、相互ケア的存在であることを互いに楽しむ遊芸がひっそりと、しかし確かな地盤の上に継承されてきた。社寺などの聖空間をともに守る宮座、趣味道楽をともにする連衆《れんじゅ》、連中《れんじゅう》や社中《しゃちゅう》、巡礼や旅をともに楽しむ講中《こうじゅう》など、いろいろなグループ、「座」によって演じられ共創されてきた伝統文化、たとえば茶の湯や連歌、花や香、歌や踊りなどの芸事・寄合いあそびである。それらは現在見るような型通りの稽古事ではなく、生活を洗練しみんなでより楽しもうとする行為、生活技術の工夫、日常行為のあそび化、文化化であった。陳腐に堕しがちな生活を即《そく》、文化行為、日常の行儀を即、芸事あそびとして楽しみつつ異化し充実させる営みであった。相互交友の生活の営みがドラマとなり、それが即、あそびの文化として相互享受された。見、聞き、話し、読み、謡い、ふれ合い、飲み食べ、騒ぐ、そういう日常茶飯事を寄り合って工夫し洗練し、日常と違うものに異化して、楽しみそのものへと化すのである。すなわち、生活の文化化、遊戯化である。生きること即《そく》、文化、芸術とするのである。生活文化である。気心知れた仲間と茶をたしなみ、連歌に興じ、謡い、舞いを披露し、酒食を楽しみ、「座」が盛り上がり和気藹々《あいあい》のうちに完了したとき、一座建立《こんりゅう》と称えて喜び合った。日常の場にあって親しいものと座や講をつくり、臨機応変、座を設け、座をしつらえ、あそび演じ、座を白けさせずに完成し、座を建立することは、日常の充実、場所の刷新、くらしそのものの昇華となった。生活の工夫洗練が即、生活の異化、生きることのケアであった。平常態の健全ケアである。

　このように、かつて日本の文化、生活様式を支えてきた一つの柱として「座」があった。社寺を守る宮座とか同好の集まりなどの寄合いである。座は場所であり関係であり、ひととひとが交わり、見、聞き、話し、ふれ合い、学び、楽しみ、互いに助け合い、成長成熟をはかるところ、感覚行為や知的行為によって直接性の交わりと研鑽と祭祀と遊興を営む場所であり装置であり機関であった。座を通して真に深い関係が生まれ、場所も洗練され、互いのくらしも工夫され、生きかたそのものも刷新された。生活するものと生活空間そのもののケアであった。座はセルフ・ケアを図りつつ他をケアする心温まる親密空間であり、日本式ケアの真髄といえる時空であった。夥《おびただ》しい座のなかでも、連歌の伝統を汲みつつ、さらに日常化し平俗化した連句の集まり、連句の座にケア時空の精粋を見ることができる。連句は和歌の気どりの美学や格式を脱色し、俗語を用いて離俗を図り、俗にあって俗を超え、日常俗事を異化する時空間を、生活の場に居ながらにしてつくり上げた。生活感覚のままに、属《しょく》目《もく》の事物を異化することで、生活と生活空間そのものが、参加するものとその場とが、さりげなくケアされた。連句の共創空間とはどんなところか。

◆連句型共創の時空とは

狂句こがらしの身は竹斎《ちくさい》に似たる哉　芭蕉
　たそやとばしる笠の山茶花《さざんか》　野水
有明の主水《もんど》に酒屋つくらせて　荷兮
　かしらの露をふるふあかむま　重五
朝鮮のほそりすすきのにほひなき　杜国
　日のちり〳〵に野に米を刈る　正平
（以下略）

貞享元（一六八四）年初冬、名古屋で興行された「冬の日、尾張五歌仙」の最初を飾る歌仙（三十六句で完成する連句形式）の冒頭である。芭蕉にとって名古屋は初見参でありながら、ここにわが俳風の同志、風雅を解する連衆ありと意気投合、蕉風（正風）俳諧の自覚的出発となった記念すべき興行であった。江戸を「野ざらし」（骸骨）を覚悟で出立し、故郷伊賀から吉野、須磨を経て大垣、熱田への旅の後の新興都市名古屋での出会いであった。

発句《ほっく》は当日の客人、芭蕉の主人への挨拶で、狂句（俳諧）に身をこがし、かの放浪の医師竹斎さながら貧寒のなりで木枯らしに吹かれてやってきたものです、という名乗りである。すかさず主人の野水が、どなたでしょうか、笠の上に山茶花を散らしてやってくるとは、さぞ風狂の御仁でしょう、と木枯らしをもあそびと化する客人を脇句で迎えとる。初見参の主客の緊迫のなかにも諧謔のある応対である。そして緊張をほぐすように、三句目、繊月のなか、かの主水のつくり酒屋の酒でみんなで楽しもうではないですか、ともてなしの座へと誘う。すると、この酒は頭の露を振りはらっているあの元気な赤馬の荷駄で運ばれてきたものですかね、と秋の酒屋の店先の爽やか景へと導いていく。赤馬と言えば朝鮮が連想されますね、すすきも痩せ細り、匂いも枯れ、すっかり秋も深まりました、と目を野末《のずえ》へと誘いかけると、消えゆくような薄日のなかに晩稲を刈る農の景へと展開して見せる。初冬から秋へ季戻《きもど》りして晩秋へ、名乗りから接待へ、歓迎へ、屋敷内から屋敷の外へ、門外へ、野末へと、季は移り、景もつぎつぎと去来すれば、座の雰囲気も緊張から親和へ、くつろぎから閑静へと推移してゆく。このあと歌仙は季節を変え、登場人物や状況、背景を機転よろしくおもしろく変えながら、三十六句目、「廊下は藤のかげつたふなり」、廊下に藤の影が長く映り、さながらこの家、この座ののどかさを寿いでいるようではありませんか、と作法通りめでたく挙句《あげく》で締めくくった。

わずかな例からも読み取れるように、連句は複数の同好の士、風雅をめでる者の寄合い、座から生まれる風流あそび、つき合いとサロンの文芸、生活者によることばの遊芸である。この場合、芭蕉以外は、呉服商、医者、材木商、米穀商など、全員アマチュアである。まず、野水亭に集まって芭蕉を迎え、座が設けられる。場づくりである。初対面の挨拶と歓迎の心が交わされた後、三句目以下、その座の空気を汲みつつ、一句ごとに視野を転じ、気分を変え、話題や関心を飛躍させながら、連句は座の雰囲気のままに、緩急自在、日常属目さながら雑事色事こもごもに展開していく。一句は前句に寄り添いつつそれ自体自立し、自立しつつ前句の意味や空気を汲み変容させて、次の句へ挑発し橋渡ししていく。前句につかず離れず、ついても淡く、離れても引き立て、句はそれぞれ持ちつ持たれつ、前後互いに映発し合いつつ、自句の解釈も扱いも他句、他者にあずけ、意味や趣向を読みかえ、読みかえられ、座を盛り立て、なごませ、ときには座を驚かせて、座興のままに進展していく。座に連なるもの、連衆の句づくり、座づくりの心得、作法は、座をとりもち、座をとりなし、前句を傷つけることなく自在に解釈し、あしらい、次句へとさりげなく手をさしのべ、自句で前句と次句をとりつぎ橋渡しをし、一句一句が座そのものをとりしきるようはからうことである。バレ句やスタンドプレー、べったり付けなどで座を乱し、座を白けさせるのはご法度で、座に連なるもの「連衆」は対等、自分の主義や好みや欲得は禁物、自利よりは利他、さらに座そのものの建立が優先される。連衆の心を通わせ合う句づくりが座づくり、場づくりとなり、寄合いの歓びそのものが連句となった。

日常俗事は折にふれ事にふれて転移していく。連句も同様で、三十六句の歌仙にテーマはなく、結論はなく、一句一句が自立しつつ、それが他句によってどう解釈されどう転じられてもこだわらず、句の進展は成り行きまかせである。座の空気が成り行きを見守り、一句一句の句運《くはこ》びがあちこちへ目を向けさせ、逍遥しながら、座の気分を変えつくり上げていく。考え込んだり言い澱《よど》んだり言い直したり異議を挟んだりして流れを停滞させることは座を毀す行為である。澱みない即興性や機転が、日常を快くするように、座づくりの鍵である。前句を素直に受け入れ、こう解釈してみました、と敬愛をもって付句し、淡々坦々と次句へととりなしてゆくのである。自立しつつ相互協働、相互信頼、そして相互扶助することが句づくりをなだらかにし、座をなごませる。句づくりが座づくりを、座づくりが句づくりを促して、連衆のひとりひとりが心を開き合って座中のひとと化してゆく。ホスピタリティそのものの漂う時空間である。前の句に誘われサポートされて自句をつくり、次の句でリポートをうけケアされて自句が姿を変える。日常のつき合い同様、前後を気づかい、慮り、察し、互いにサポートし合うように、そっと、さらりと付ける「匂ひ付け」を付句のコツとする。他に働きかけ誘いかけて句づくりを誘い出す連句は、さながらセルフ・ケアをしつつ、他のセルフ・ケアをするケアであった。

◆場の作法と力・座の作法と力

芭蕉が生涯をかけて最も大切にしたのは場所に集う「連衆」であった。自作の一句一句、とくに独立した発句、のち俳句として自立する句よりも、志を同じくする者、風雅の心を共有する者たちの集い、わが座に集う者を連衆と称し、ともに風雅を語りうるものとして重視した。連衆であるためには各々自立し、理解心や鑑賞力と同等に創作心をもたねばならず、我がこと以上に他を立て、連衆や座に心を寄せ、座にあっては座の空気に和して虚心にあそぶゆとりがなければならない。前句につきつつ次句にとりなす行為は、古い町衆のつき合いの心得、向こう三軒両隣りとのつき合いそっくりである。両隣りから一歩しゃしゃり出るのは隣りを傷つけ町の秩序を乱し混乱させる。ホスピタリティの肝要であるサービス心、もてなし、心くばり気くばりも、前後・両隣りだけで十分で、それ以上の踏み出しは分をわきまえないこと、つながりの和を踏みにじることとなった。前後・両隣りへの気くばり、サービスがまた次の前後・両隣りへゆるやかに波及し、それぞれの心くばりがそれとなく町の空気をつくり上げてゆくのである。同様に前を敬し後を慮りつつ自立した句をつくること、それがホスピタリティで、自立すること、セルフ・ケアがひいては前後・両隣りのケアとなり、それぞれのセルフ・ケアとなっていく。連句における連衆とはそういうホスピタリティをもって各自セルフ・ケアにつとめつつ、互いにケアし合う関係にある同心の寄合いである。そこに個々の作品レベルを超えた共同作品が生まれ、充実した一座が建立される。個々の個性的な自己世界にない連衆それぞれの世界を触発映発させ合いアマルガムにした集合的世界の創造である。座の共創するものは、茶の湯などを含め、個人の力や意識などを併呑するどころか、それらを咀嚼し止揚して、個人の諸力の合算を超え、個人的世界というものを超えた創作物となった。座の力、場の力である。

座は、場は、芭蕉も生涯腐心したように安易には建立しえない。花をもたせたり（ある人に花の句をつくらせる）、ときに軽くときに慎重にとりなし、あしらい、もてなしながらの句運びは、自利と利他との丁々発止のドラマ、競技である。やさしいホスピタリティによる即興や座興が緊張をほぐし、自覚したセルフ・ケアが緊張へとゆり戻しもする。前を見、聞き、句の匂いを嗅ぎ、味わい、理解し解釈し、状況や流れや空気を正確に感知し、次を慮って自作し、次句へと手渡していくのは、まさに当意即妙の臨床知であり臨床作法である。セルフ・ケアしつつ他をケアするという演技、気くばりは連衆たる資格で、それが参加する者全員の納得できる場所、ケア空間を生成し成熟させた。

茶の湯は五感の座あそびである。連句もまた読みとり創るだけでなく、見、聞き、ふれ合い、嗅ぎ、味わう五感による座づくり、座興芸である。一視同仁が茶の湯の作法であるように、連衆は平等である。座では個人技は嫌われ、寡占は忌避される。茶の湯において「わが仏《ほとけ》隣の宝《たから》聟《むこ》養子《ようし》天下の軍《いくさ》人の善悪」などの俗事、利害、自己顕示の話柄が禁じられたように、座、場のためにはその日その状況、客人や連衆にふさわしい話題や句が選ばれ、個の興味でなく連衆の盛り上がる話題がふさわしいとされた。個よりもつねに座が重視されたのは、個は座のなかでより充実し、より成熟するということを連衆がわきまえているからである。座のなかでセルフ・ケアを要請されつつ、セルフ・ケアが他と連なり合って互いをケアするということを、日常の知恵として知悉しているからである。個は座、場のなかに育ち、生長し、練られ、成熟してゆくのである。座は、場は、拘束空間ではなく、個々人と人間関係の成熟のための培養基であり、セルフ・ケアでケアし合う開かれたケア道場であった。

◆あそびごころがケアを促進する

芭蕉にとっては発句よりも連句が重要で、連衆は最も大切なわが風雅の同志であった。そのため連句の座づくりは真摯厳粛であった。しかし晩年、「かるみ」へと句境が傾斜するように、厳格ななかにもつねにあそびがあった。俳諧に諧謔がつきもののように、あそびごころが当初から俳諧にも座にもかくし味のようにつねにあった。あそびごころが座興となって、座をとりもち、とりなし、座を白けさせず、座を盛り上げた。座にも場所にも日常の営みのなかにも、俳諧が日常の俗語俗事を積極的にとり込んで笑いを含ませ、あそびあるすき間《ま》をつくったように、あそびは硬直や固執、マンネリをほぐす技、あそびごころはそれをそそるかくし芸、妙薬であった。茶や香や花などを楽しむ生活の営みが芸やあそびへと変成昇華されたように、あそびのある日常、日常のあそび化、芸能化は、R・カイヨワのいうゲームやごっこあそびなどの日常離脱の行為でなく、かくし味のように心身にしみ込ませたあそびごころで日常を楽しみ、自らをケアする遊芸となった。見る、聞く、言う、ふれる、味わう、嗅ぐなどの感覚行為を直接行為とし、もの珍しいことのように改めてそれらの行為をやり直してみる。すると対象は思いがけず相貌を変え異化され、知覚することの楽しさ、おもしろ味が甦ってくる。世界の気づきはセルフ・ケアの原初景である。感覚のケアは対象や世界との関係の見直しへと導き、関係ケアとなり、居場所への新しい接近が場所のケアとなり、またケアされた場所によって関係の、感覚の、そしてセルフのケアへと再帰してくる。

感覚行為をあそびごころで試みれば、いままで現実に覆われ日常に隠されていた「もの」「こと」が異化されて化現し、思いも見なかった別乾坤、物語世界が浮かび上がってくる。世界は刷新されて新しい物語を紡ぎはじめ、それを見、聞くことで、話し語りはじめ、ともに好奇の新鮮な心で受けとめようとする。生存の場では多種多様なものがそれぞれ座、生活世界をつくり、それぞれの座がそれぞれの物語生成の舞台、グラウンドとなる。新しい座にあっては、連衆によって連句につぎつぎと新しい景物が詠まれ世界が思いがけない展開をしていくように、物語を互いに気づかせ、その物語がつぎの物語を喚起して、開かれた心身に話しかけ語りかけてくる。自分の気づいた物語が他者によってさらに展開され、世界がどんどん変容してゆく。驚きと歓びが交錯する。あそびごころが主導して日常をあそび空間にとりなしていく。柔らかいケア空間である。互いの物語が物語を紡ぎ合って物語を増殖していく。物語るとは自分と世界との関係の気づき・発見であり、自己づくりというケア行為である。それをゆとりあるあそびごころが間合《まあ》いをとってとりしきってゆく。

あそびごころは平常に闊達に働くセンスであったにもかかわらず、効率社会では排斥されてきた。もの珍しい異邦人あるいは純な幼童のような五感でことに接し世界にふれるとき、世界はそれまで覆われていたステレオタイプでない姿で立ち現れてくる。そういう気づき、発見へと導いてくれるのがあそびごころである。旧慣になじまず強制を嫌い、先入観なく直接に、心身を開いてものやことに素直に向かうこころである。他に心身を開いていれば、他を見、聞き、ふれ、嗅ぐうちに、感覚が誘われ甦ってくる。感覚ケアがケアのはじまりで、感覚が少しでも甦ればあそびごころも、ときにはいたずらごころも芽生えてくる。あそびごころを知らない治療者に治療はできず、あそびごころのない者がすなわち病む者である。ひとをひとらしくするのがかくし味、あそびごころである。

見ざる、聞かざる、言わざる三猿の行為は、上からの強制によるもの、あるいは勝手な自己防衛のための行為である。自他に目を開き耳を傾け話しかけるとき、感覚はケアされ、自他も世界も姿を新たに甦る。甦った世界がさらに心身を開き、生の物語を活気づけ、生きるという演劇を活性化する。連句的ドラマが生成してくる。それをあそびごころが囃したて、座を盛り上げ、一句一句のようにケアが呼応し合って和諧の座興へと導いていく。

ケアはつねに場を共有する者たちによる場の共創の上に、その場、その座のなかから相互ケアとして共創されるものであった。人間の共創とはこういう相互ケアの共創ということに他ならない。そこに個のウェルビーイングと集合的ウェルビーイングがともに形成される。

2

老人訓

——伝統的ウェルビーイング法

◆死への問い・生への問い

どういう生きかたが望ましいか、そういう問いは日本では、物語以外、近世以前まで殆ど本格的に考察されることはなかった。それに反し、どういうふうに死ぬのが望ましいか、死にかたについては平安時代半ばから多くの関心を集めてきた。死の作法、死にかたのモデルを集めた編纂物がつぎつぎとつくられた。平安時代でも最も安定・平穏の時期である。文人貴族慶滋保胤による『日本極楽往生記』（九八四）を嚆矢に、大江匡房の『続本朝往生記』、三善為康の『拾遺往生伝』『後拾遺往生伝』、蓮禅の『三外往生記』へと続き、宗派のなかからも知寂『高野山往生伝』など、高僧伝の盛行ともからんで、往生伝編纂は時代の一つの流行でもあった。流行と見えるまでに受容されたのは、仏教界から貴族社会まで広く共感を呼んだ源信の『往生要集』の浸透力によるところ大で、それの説く地獄は図解され、往生院などの建造物や阿弥陀如来像なども普及し、都のひとに死後の世界の様相を見えるがごとく実感させたことにもよる。浄土思想への関心よりも、生前の行業や臨終作法によって死後の行くえが決するとあって、生を締めくくる死の迎えかた、死行儀へと関心は向けられた。モデル集だけでなく、死作法の実践会も源信や保胤の指導のもとにつくられた。比叡山横川の僧を中心とする二十五三昧会である。生前の地位や行業を保証してくれるのも臨終行儀如何とあって、安らかな死への手引きとして往生伝が求められたのである。多くの阿弥陀堂、阿弥陀仏をはじめ、都を浄土憧憬空間が覆っていく。

それほど流行をみた往生伝は中世、乱世の世のなかで衰退していく。復活するのはまたしても安穏・沈滞の世、江戸中期であった。たとえば『女人往生伝』(湛澄、一六八五)、『近世往生伝』(如幻明、一六九六)などで、幕末になっても『専念往生伝』(一八六三)が刊行される。死への関心、死にかた学びは、生の変化に乏しい無事平穏の世情の産物と見ることができる。生きていて上昇が望めない世とあれば、現世の締めくくりとしての死をきれいにして納めたい、それが期待をもって生きることの空しい世にあってせめてもの慰安である。これが停滞の世の民情というもので、死をもって生を納めるという習俗と化した考えである。

死行儀への関心に比べ、生きかた、生の作法への関心は、安穏の世にも乱世にも、希薄であった。安穏の世とは変化に乏しく、階層の上下の変化や、場所の盛衰の少ない停滞の世、現状維持が本望という世である。現状保持が生きかたとなれば凡常な生を工夫し変える意欲もありえず、生が不完全燃焼ならばせめて安心できる死をもって生を覆いたい、自力救済が望み薄ならば、他力の易行道の浄土の教えに導かれて死行儀を全うしたい、というのが、浄土教の宣伝の妙もあって、民情として定着していく。死によって生の不満を救うのである。生への問いはこうして平穏の世から滑落し、乱世となればそれに処することに疲弊し、問いただす暇も失われる。江戸期になって、支配層は、四民の馴致として儒教とくに朱子学による生の道徳・倫理をおしつけ、武士層はもとより他の階層にも生きかたの処方が浸透していった。朱子学の他にも陽明学が、後には古学や心学なども人の道に悖《もと》らない処世訓を説きはじめ、上からの強要された泰平の世にそれまでの日本の社会になかった生きかた指南、処世学が広がる。はじめて庶民層をも対象とした儒教的開明思想による匡正、教育活動の展開である。心学などの傍流もあったが、貫くものは上からの馴致で、支配に都合のよい生の倫理の普及・徹底であった。以上が、平穏の世と乱世における死への問い、生への問いのおおよその史的展開であった。

◆老人学の先駆『徒然草』

そんな歴史の流れにあって、乱世動乱期、生への関心を抱き、どんな生きかたがきれいとされるか、とくに人生の後半、老年期について思索し、望ましい生のスタイルを追究した例外的存在があった。周知の兼好法師の『徒然草』である。『徒然草』全二百四十二段、そのうち人間あるいは人事について述べる段百十八、人物の逸話を記した段四十三、狭い意味での人間の姿態を描くもの併せて百六十一段とされる。他にも奇聞や滑稽譚、有職故実に関するものも多くの段で描かれ、それらもたいていは人間・人事に関わるもので、『徒然草』は人間への関心のもと、憂き世に翻弄され、明日をも知れない人間の演じる悲喜劇を観察しては、自らの体験をふまえて、人間はどんな生きかたをしてきたか、どんな生きかたを望ましいとするか、生存の姿をスケッチしては解釈し、寸評する。平安王朝の美意識に深く冒されながらも、南北朝動乱期に巻き込まれて、現世での生のありかたに根本から疑問を抱いた一知識人が、在俗と出家という二つの体験をもとに、人間としてあらまほしい身の処しかたを改めて自省し、かつ周辺を冷静に見つめ思索する。とくに出家後、型通りの仏道修行をよそに、老いの生きかたへの関心は歳とともに深まっていった。『徒然草』はつれづれなるままに心に去来することを綴ったものではなく、書き進めつつ、人間のありかたへと焦点を絞っていった人間哲学であり、とくに老いを全うすることを願う初めての老人学であった。

人間学、老人学を語る上での兼好の基本のまなざしはどこにあったか。人間観察、自己省察はつねに死を意識するところから発せられた。つねに死を念頭において生きる、そこにあるべき人間の姿を見てとろうとした。往生伝の求めたあらまほしい死にかたの影は王朝文化の継承者兼好にしみ込んでいた。往生伝が死を美化したのと対照的に、死を美化も忌避もせず必ずやってくるものとして見つめ対話しつつ、生を全うすること、とくに老いを生きることを人間の大事ととらえた。そして往生伝が思いを遺さず欲を去っての死をきれいな死と称えたのに対し、『徒然草』は死を忘れずに生を充実させること、諸縁にとらわれず欲を去って生きることをきれいな生とした。きれいに生きることは『徒然草』を貫く思想・感性であり、生の倫理・美学であった。望むべきことは死にかたでなく、生のありかたでなければならなかった。

◆死を意識して生きる

「死は前よりしも来たらず、かねてうしろに迫れり。人皆死ある事を知りて、待つことしかも急ならざるに、覚えずして来たる。」（百五十五段）

「夏果てて秋の来るにはあらず、……夏よりすでに秋はかよひ……」（同）

というように、生のうちに死は背後に迫っている、死を意識して生きよ、と奨める。「老来《おい》たりて、始めて道を行ぜんと待つことなかれ」（四十九段）。「人はただ、無常の身に迫りぬる事を心にひしとかけて、つかのまも忘るまじきなり」（同）と、無常（死）を自覚しての生を自ら戒める。いつ訪れるか知れぬ死を意識することで、消光する時間も惜しまれ、成さねばならぬことが急がれる。死に直面しても動じない生きかたがはかられる。死を怖れるのではなく死を念頭において生きるとき、生の意味や姿が問われ、生を悔いのないもの、他からも是認されるものにしたいとおのずから努める。そこに生の充実がある。生の作法は死の意識によって修正され、きれいな死を迎えるためのきれいな生きかたの工夫が要請される。

「夕に寝《い》ねて、朝に起く。いとなむところ何事ぞや。生をむさぼり、利を求めて止む時なし」（七十四段）、「身を養ひて、何事をか待つ。期するところ、ただ老《おい》と死とにあり」（同）、これが生の常態である。「無益の事をなし、無益の事を言ひ、無益の事を思惟して、時を移すのみならず、日を消し月をわたりて、一生を送る」（百八段）。「一生は雑事の小節にさへられて、空しく暮れ」（百十二段）

る。日常の営みは雑事の小節の累積に過ぎず、老いや死の迫り来るを知ったとき、その一生の空しさに愕然とする。しかもすでに老い「日暮れ塗遠《みち》」く、「わが生すでに蹉跎《さだ》たり」（同）である。これも人間の常習である。そういう嘆きをしないために死を意識しての生を推奨するのである。うろたえず、生を全うするための作法への導きである。理想は仏道に入ることとしながらも、それにこだわらず、自らの生の空しさに気づいたときが「諸縁を放下すべき時」（百十二段）とする。関係（縁）は心の不安定や欲望の出生するところ、それを放下するところから老いの環境づくりは始まる。

「縁を離れて身を閑かにし、事にあづからずして心を安くせんこそ、しばらく楽しぶとも言ひつべけれ」（七十五段）。俗縁を離れて「ただひとりあるのみこそ」（同）よしとし、そこに安心が保証される。安心こそ願わしい生、老いの境地である。「人皆生を楽しまざるは、死を恐れざる故なり」（九十三段）である。「生ける間、生を楽しまずして、死に臨みて死を恐れ」（同）るのは醜く、生も死も不完全燃焼となってしまう。死を意識して生きれば心の準備もでき、生を楽しむことができ、恐れることなく死を受容できるのである。心閑かに生を営むことが、人生の、老いの境涯というものである。

『徒然草』の奨める生きかたの作法、老いの処しかたは明晰である。死をつねに意識して生きること、そのために生を楽しむこと、欲得や執着を去り、諸縁を放下し、身ぎれいになること、それに尽きる。ひとり離れてあることを願う一個の人間の作法にちがいない。しかし一個の人間は俗縁のなかにあれば、貪欲《とんよく》と瞋恚《しんい》と愚痴《ぐち》という三毒に心身を冒され、平安など望むべくもない。三毒を去るためには俗縁を断つこと、社会との関係を俗とはちがうものにすることから始めなければならない。ひとりあることは、社会内にあって非社会的存在を自他に示す行為である。俗にあるよりも、より決意を要する倫理的実践である。『徒然草』はひとりの安心を強調することによって人間界の愚や濁を意識させる。世には執《とら》われた者、知者ぶる者などいろいろな生きかたがあり、人間の業の深さは人間・社会の観察者兼好を畏懼《いく》させる。

『徒然草』は人間万華鏡である。賢者あれば愚人あり、趣味も教養もある「よき人」もいれば貪欲・妄執の輩もいる。心閑かなるがゆえに、それらの人間相・社会相が「心にうつりゆく」ように映し出されてくる。とくに老いを迎える者への眼は歳とともに生彩を帯びてくる。ひとりあることの省察力である。

◆老いゆく者の心得・老いの美学

老いにどう対処するか。老いへの処方は、たとえば次のごとくである。「名利（名誉と利欲）につかはれて、閑なる暇なく、一生を苦しむるこそ、愚かなれ」（三十八段）。「まことの人は、智もなく、徳もなく、功もなく、名もなし。……賢愚得失の境にをらざればなり」（同）。願われていることは、心の平安である。諸縁を離れれば、智も徳も功も名もあだしごとにすぎない。

「老いぬる人は、精神おとろへ、淡くおろそかにして、感じ動く所なし。心おのづから静かなれば、無益のわざをなさず」（百七十二段）。老いへの処方は己れを知ること、よけいなことをしないことである。「よろづの事は頼むべからず」（二百十一段）である。だから「身をも人をも頼まざれば、是なる時は喜び、非なる時は恨みず」（同）、「ゆるくしてやはらかなる時は、一毛も損せず」（同）、心穏やかに処していれば、心身ともに損なうことはない。『徒然草』は老いへの処方を具体例をあげて諭しつつ、老いゆく者の心得に説き及ぶ。

「我を知らずして外《ほか》を知るという理」（百三十四段）はなく、我の自覚あれば「人に愛楽《あいげう》せられずして、衆に交はる」恥（同）もありえない。老いの作法はまず自らを知ること、死を思うことにある。「所願を成じて後、暇ありて道に向はんとせば、所願尽くべからず」（二百四十一段）、願いごとの成就を待って暇を得てのち大事を行おうというのが常人の心持ちだが、所願は尽きず、生涯に暇はない。「直ちに万事を放下して道にむかふ時、障りなく、所作なくて、心身ながくしづかなり」（同）。これが老いゆく者の心得である。

心静かに老いを迎え、すごす、それがおのずから老いの美学となる。「住み果てぬ世に、みにくき姿を待ちえて何かはせん。命長ければ恥多し。長くとも、四十に足らぬほどにて死なんこそ、めやすかるべけれ」（七段）と、二十代では威勢のよいことを語った兼好も、後年はきれいな老いを求め、かつ諭す。「利にまど」い、「位《くらい》を望」み、「誉れを願」うなど、すべて「愚かなり」（三十八段）と断じ、隠徳よりもさらに「賢愚得失の境」（同）を超えた境地を称える。「花はさかりに、月はくまなきをのみ」（百三十七段）賞でるものではない。最盛期や華やかな表れよりも控え目をよしとし、「よき人は、ひとへに好けるさまにも見えず、興ずるさまも等閑《なおざり》」（同）で、むきになること、事に熱中することは見苦しい。「朝夕なくてかなはざらん物こそあらめ、その外は何も持た」ぬのが望ましい。

心身からも身辺からも心とどめるものを排除した境地をきれいな老いとする。「よろづのしわざは止めて、暇あること、めやすくあらまほしけれ」（百五十一段）。俗事は止めて心身安閑であれば、見た目もよいというのである。老いぬるひとは、たとえ一芸に秀で「老いの方人《かたうど》」と慕われる者でも「今は忘れにけり」（百六十八段）と控え目なのがゆかしい。それが「よき人」であり、老いの美学である。

『徒然草』は人間への慈愛から、現世にとらわれて生きる人間を観察する。そしてはかなく過ぎゆく生を見つめ、一個の人間として、世間に処する人間として、生きる作法を思索する。そこに見出されたのが「死を意識して生きる」ことであった。死を意識するがゆえに生の楽しみ、充実がはかられ、老いへの処方が自問自答のように説かれた。老いの処方には、死の自覚はもとより、いかに老いを迎えるか、老いへの心得が常時なければならず、周到な心得が悔いのない老い、欲や執着を去ったきれいな老いを約束した。いかに老いに対処するか、老いの倫理というよりは、老いの美学である。そして兼好にとってはきれいに生きること、社会にあっても乱れず乱さず、自らの安穏を全うすることが、美学であり、同時にこの世にある老いの作法であった。平凡だがしかし三毒に冒された人間には至難事で、弱い存在という自覚ゆえに道、仏道に最後のよりどころを求めることともなった。兼好も道を求めたが、道に拘泥することなく、仏道がかなわない者には、それぞれに可能な老いの美学を語りかけた。仏教はこの時代、弱い存在としての人間のこの世に処する最後のうしろだて、倫理でもあった。諸縁を放下した仏の道の実践の姿と、きれいな老いの姿が重なってくる。兼好に社会意識が乏しいのではなく、仏の教えが、すなわちこの世でのあるべき存在様態だったのである。仏教の現世的表現ともいうべきものが、兼好の言うきれいな老いであり、生の美学であった。

◆近世における『徒然草』の復権

『徒然草』以後、室町時代、戦国乱世から安土桃山時代にかけて人間訓や処世訓は顧みられず、ましてや武士の世とあって、老人学が迎えられることはなかった。江戸時代は上からの管理・統制体制である。幕府は支配機構の強化のために監視・取締を常例とし、考えかたも生きかたも多様性を認めず、儒学（朱子学）で武士層はもとより農工商までを教導しようとする。中世、無常思想が「はかない」という日常感覚となるように、日常規範となっていた仏教も、幕藩体制の四民管理に利用されるに至った。寺檀制度による庶民の戸籍掌握である。

厳しい統制下、社会は抑圧的安定を見せていくが、どの階層にも閉塞感が蟠《わだかま》ってくる。しかも工商に携わる者は管理と搾取の網をくぐって自活の道を見出さねばならず、いかに世に処すか、という課題は切実であった。体制が強引に固定されていく近世初期、それまで世に知られること少なかった『徒然草』が、四民とくに中下級武士と町人の間に流行しはじめた。はじめは奈良絵本や趣味本として刊行され、つづいて講釈本が出廻る。たとえば古典学者松永貞徳「なぐさみ草」、武士では秋田最上家の浪人斎藤親盛が如儡子という名で「可笑記」を著し、『徒然草』にあやかって社会への憤懣をぶちまける。町人層からは西川祐信の「絵本徒然草」など絵入本も多数刊行され、「犬つれづれ」という『徒然草』をもじった衆道指南も出る。俳人乙州「それぞれ草」、西鶴「俗つれづれ草」なども、どき本が続き、江戸でも山東京伝「怪物つれづれ草」をはじめ、もどき本は以後も続く。なかでも江戸らしいもどき本は『徒然草』の章段をそっくりもじって遊里遊びを指南する『吉原徒然草』であった。

都に、江戸に、『徒然草』のもじり本、講釈本、あやかり本、もどき本が続出したのは、『徒然草』に人間訓、処世訓を読みとろうとしたからである。儒教の説く杓子定規にはない諭しが具体的な人間像を通して語られる『徒然草』に、仏教にも儒教にも神道にも通達したわけ知り人《びと》の談論風発の処世術の妙を嗅ぎとったからである。『徒然草』は処世哲学、人間訓、老人訓、生活訓を併せもつ人間学、世間を渡る倫理書として受け入れられたのである。

四民それぞれ自助自活しなければならない。浪人武士や町人に生きかたの思案と実践は切実な課題であった。しかし町人層にとって『徒然草』は仏教色が強すぎ、実践処方としては不向きである。町人は社会のなかで最も下に見られるだけに、自らの生きかたの倫理、作法づくりは喫緊事で、それは社会への階級的抵抗の表現でもあった。しかも町人は、近世初期、一代で財や地位を築くものも現れ、個として、一家として、新興層として、世間と渡り合わねばならず、自分に対し、世間や社会に対し、他の階層にない重圧があった。博多の豪商島井宗室の家訓「生中心得身持分別致スベキ事」に重圧に抗して生きてきた処世術、町人道の先駆というべき町人哲学を見ることができる。聖徳太子の憲法に倣っての十七条の家訓から老いにふれる個所を引いてみる。

◆家訓・商訓・町人道

「五十に及候まで、後生ねがひ候事無用候。老人はしかるべく候」、「先づ今生にては、今生の外聞うしなはぬ分別第一候」、「あひかまへて後生ざんまい五十に及び候まで無用」と、社会的評判を重視し、五十歳以前の仏教信仰を厳禁する。「何たる芸能なりとも、五十に及び候ば苦しからず」、「五十に及び候までは、いかにも逼塞《ひっそく》」し、目立つことは無用とする。「下人・下女に至るまで皆みな盗人と心得」、人を信じず、「いづれの道にも、我と辛労候はずば、所帯は成るまじ」と、用心と倹約が日常心得である。そして「島井は我々一世にて相果候」と、一代限りの覚悟を諭す。

倹約ぶりは貧者同然である。飯の炊きかた、交際、ことごとく禁欲ずくめで、五十歳までの息抜きは許さない。その辛労・努力が九州きっての富者に仕立てたという自負があり、同時に少しの油断でも転落する怖れを読みとることができる。商人・町人にとってこの世で確かなものは、西鶴が町人にとって「金《かね》が氏素姓《うじすじょう》」というように、貨幣だけである。島井宗室の一生も蓄財奔走の一生であった。町人・商人にとって金銀に替るものがない以上、蓄財に生を賭するのが町人の道、町人倫理である。貨幣を身代《しんだい》とする商人道や金銭哲学は町人の処世哲学の根幹であり、それに基づいて生活作法も老いの処方も根づいてゆく。『徒然草』のいう老いの美学は、町人道では五十歳以前の勤倹による成果の上での五十歳以降のしばらくの安寧であった。

町人道は武士道にはない緊張と克己、そして自助力によってなった。武士道のように上から与えられた道ではなく、島井宗室のように多くは一代の勤倹の上に経験哲学としてつくり上げられた。家訓は正しく汗の結晶であった。儒教の倫理をなぞった武士道の安直さとは全く重さがちがい、それなしには世を渡れない倫理綱領であった。京にあって商人たちの栄枯盛衰を目の当たりにしてきた豪商三井高房は『町人考見録』で、財を築く方法から財を失う陥穽まで、さまざまな事例を、わが身への反面教訓として書き留めた。「町人は商売それぞれにわかるといへども、先は金銀の利息にかゝるより外なし」と序文に述べる通り、『考見録』は近世初期の商人道の厳しさ危うさを伝えて余りあり、町人として世を渡る緊迫感に溢れている。その三井高房も「始末相続講式目」という家訓を子孫に伝える。島井宗室のような老いへの言及はなく、手代や使用人への注意と、彼らとの関係保全のための「始末講」の取り決めである。商売は彼らとの連携なしには成り立たず、彼らの不始末や不慮の難儀に際しては「仲間相談の上、利息なしに取替」え、「弱きを救ひ、危うきを助け、非を言ひ、愚を異見し、自他の思ひなく、兄弟の交はりに等しく、心底を明かし、皆々身上相続致す」ことをもって始末講の本旨とする。儒教倫理に則りながらも、金銀中心の合理主義による相互扶助を通して、三井一家と関係者のつくる共同体のさらなる結束を図ろうとする実利的な処世訓、忠実な協働を引き出す合理的家訓である。商人は建前は五倫五常を云々しつつも、現実にあっての実践倫理は金銀の要請する合理的倫理を本音とした。

商人の生を支えるのは自衛であり自助である。一家一族を現実のなかでどう自活・持続させるか。家訓で一家一門の結束と決意を固め、その決意がおのずから世間への顔となり評価となった。一家の姿勢の健全なくして世間での健全な認可はなく、健全な商行為、商売倫理があってはじめて世間のなかで商人として振舞うことができた。家訓は小さな世界の憲章であるが、家を取り囲む世間への通行手形ともいうべき社会的憲章、社会に対する顔であった。金銀を生命とするものの生の共通倫理であり、そこに新興町人層の鬱屈した自負を見ることができる。老いの安泰は五十歳までの勤倹による、ということはすでに共通認識となっていたのである。

近世初期から町人の成長につれて、西川如見の『町人囊』など町人の著作が多く刊行された。新興町人の実践倫理や家訓・商訓など、町人のあるべき道を思索し切り開くものであった。そういう風潮のなか、町人でなく儒学者からも成長する町人への注文や訓戒を著す者も現れる。その初期の代表例が貝原益軒である。

◆益軒の老いの生きかた処方

「仁は人心の全徳なり。故に仁の一理をもつて、義・礼・智・信をかね、また万の善をすべたり」(五常訓)と、仁を義以下の徳を統括する完全な徳とする立場に益軒は立つ。「仁は、天地にありては、物を生ずるの心なり。人にありては、温和にして、人を愛し物を利する心なり。仁はただ愛の理をもつて云ふべし。天の道、人の道、皆この愛をもつて、本とせり。愛を捨てて仁を云ふは、非なり」(同)。五常を統《す》べる仁の本質は愛である。これが益軒の人倫を説く基本姿勢である。

益軒も時代の人間である。浪人も経験したとはいえ、長く筑前黒田藩に仕えた儒者である。時代の思潮を身をもって体得した上で、それを上へ進講し、下に向かって説諭する。朱子学は思想というより時代を覆う空気、生活作法とされて、四民に定着していく時代であった。中世、仏教が生死の作法とされたのと同然、儒教は時代の習俗とされる生の考え、作法であった。時代の最大多数の認める公的規範であった。

益軒は公用の学、朱子学に立って人倫の道を説き、説きつつ朱子学に疑義を見出し、ときに伊藤仁斎の古学に接近しかつ批判し、最晩年には朱子学に大きな疑問を呈する。しかし、仁を核とする五常訓は変らず、それに基づいて人倫の道、そして老いを養う道を説いた。八十四歳、死の前年になった『養生訓』である。

「人倫の道を行なひ、……なるべき程は寿福をうけ、……喜び楽しみをなさん事、誠に人の各々願ふ処」、それならば「養生の術を学んで、よくわが身を保つべし。これ人生第一の大事なり」（養生訓）と、人倫の道を全うする前提として養生を強調する。益軒の身体観は簡明である。しかし当時としては生鮮である。

「人身は至りて貴く重くして、天下四海にもかへがたきものにあらずや」（同）。

上に仕え身命を擲《なげう》つことも推奨される時代、心と身をそなえた人身は何よりも貴く重いとする。そこに「身を慎み生を養ふは、これ人間第一の重くすべき事の至り」（同）という平凡だが重い思想基盤が成った。養生あって親への孝、君への忠をはじめ五倫五常は実践でき、世間への勤めもはたせるのである。

養生の術は多岐だが、その第一は「心気を養ふ」ことである。心を和らかに、気を平らかに、心を苦しめず、気を損なわないことである。そのための要訣を一字で示せば「畏」である。「畏《おそ》るるとは身を守る心法」である。人欲を畏れ、天道を畏れることは「慎」むこと、放縦に流れないことである。畏とは退嬰的所作ではなく、気づくこと、神仏、天地、世間、人間の貴さ重さに気づくことである。安逸に流れず、過度を避け、心身をつねに平静に、かつ心こめて働かせることである。

「人生五十に至らざれば、血気いまだ定まらず、知恵いまだ開けず、……行ひ悔多し。人生の理も楽しみもいまだ知らず……長生すれば楽しみ多く益多し」(同)。養生は老後の寿福のためである。養生のためには内なる欲望、内敵に克つ「勇」をもち、寒暑や天災など外敵に克つ「畏」と「忍」をもたねばならない。養生に努めれば人生の三楽、道を行う楽しみ、病ない楽しみ、命長らえる楽しみが約束される。道を行うには「勤むべき事を勤め、身を動かし、気をめぐらす」をよしとする。恣《ほしいまま》なるを戒め、慎むを専らとする。畏と慎、そして勇と忍が、心を平らかに、身を安らかにする。

総論の締めくくりに「養生の要訣一あり」として、さらに一字を加える、「少の一字なり」と。内欲を少なく、ことば少なく、飲食少なく、事を少なく、怒りを少なく、思いを少なくして、慎ましくするところに元気は失われず、気は養われ、心平らかが保証される。養生の基本は心の平安であり、心の平安は儒学の基本の仁の自覚、涵養、実践に連なった。社会通念と協働し合う実践的処世術である。益軒は総論につづいて飲食・五官・薬につき自らの体験と該博な知見をもとに詳述したあと、「養老」を別項として立てる。

「老の身は、余命久しからざる事を思ひ、心を用ゐる事若き時に変はるべし。心しづかに事少なくて、人に交はることも稀ならんこそ、相似合ひてよろしかるべけれ。これもまた老人の気を養ふ道なり」。

『徒然草』に似て心静かに縁も少ないことを奨めるが、一方が仏道にも通じる無欲無心の境地を庶幾するのに対し、こちらはつねに人身の平静であり、元気の保持である。「老人の保養は常に元気を惜しみて、減らすべからず」と、身体的実践である。「言語をゆるやかにして……怒りなく、憂ひなく……我が過をしきりに悔ゆべからず。人の無礼なる横逆を怒り恨むべからず。是皆、老人養生の道なり。また、老人の徳行の慎みなり」と、慎みと平静の老後処世を訓戒する。落着いた老いも兼好のように美意識で把えず、つねに形而下的で、あくまで五常の徳行のための心身の養生である。『徒然草』の願ったきれいな老いは徳行にとって代わる。「年老いては、わが心の楽しみの外、万端、心にさし挟むべからず。時に従ひ、自ら楽しむべし」。『徒然草』の老境と似ていながら、五常の教えが社会通念となっているところでは、自ら楽しむのも五常の掌中にあってのことで、そこから外れないところに心の楽しみ、静平も保証された。

養生処方は多岐にわたるが、要は「畏とは身を守る心法」というように、畏・慎・勇・忍・少の心得と作法をもって内敵・外敵にうち克つこと、身のほどを知り身の丈《たけ》にあった五常を実践すること、気をくばり身を働かせること、そこに健康は約束され、老いの安心も保証される。五常を統括するのが仁であるように、人身を統べるのは心であり、心の養生が身体の元気を保養し、人身を守る。心の養生はまたよく勤めることで培われ、心と身は扶け合って人身の徳行を育てていく。養生もまた五常実践のための人身づくりで、「養生の処世学」「老いの倫理学」は時代思潮に則った穏健な「人倫の道」であった。修身は斉家を導き、治国、平天下へとつながっているのである。個の人身はこうして身辺から社会へ、天道へと通じるものとして把えられていたのである。人身は貴く重しとする当時としては新鮮な人身尊重主義の根底には、天下四海のなかの人身、役に立つ人材という支配層的思念も潜んでおり、致仕後の述作でしかも四民への愛を説く視線はあっても、なお上からの目、儒者的人間観は払拭しきれてはいなかった。ましてや老いを五十歳までの報酬と見るところに、老いを美学で把える目はなかった。そんな折しも、上からの目でなく庶民の感覚で、彼らの生きかたを考えようとする町人が、京大坂の経済先進地帯から現れる。

◆町人の生きかたを問う石門心学

土地からの収奪で支配体制を維持する封建的武士社会では、商業に生きる町人は封建秩序の異種である。しかし上方に発する商品経済の発達は町人の立場を高め、武士層を有力な顧客とするに至って、町人のありかた、位置を自ら問う町人も現れる。先にみた島井宗室や三井高房、西川如見らを先駆とし、文芸・演劇面にも町人が多く登場するなど、町人への関心は高まってくる。商人・町人自らもその立場を自覚するにつれ、その生きかた、処世法を町人のために講説する町人学者、町人警世家が輩出してくる。その代表がのちに石門心学と称される庶民哲学・町人道を開いた石田梅岩である。

梅岩は丹波の国の小さな山村出身、京都に丁稚《でっち》として出るが帰郷。再び京に出、高家に仕えることニ十年余り。その間、刻苦勉励の独学、町人のおかれている立場や社会からの視線に思うところあり、町人による町人ならではの思索と体験から、内からの迸《ほとばし》りのように、四十五歳のとき、念願の講義を京の自宅で開いた。聴講者のない日にもめげず講義をつづけるうちに講席も充実してくる。約十年、その講義をまとめたのが梅岩思想の集約『都鄙問答』である。

儒学を中心に仏教、とくに禅、神道をとり入れ、講ずる者、聴き質問する者ともに町人の現下の関心事を語り、論じ、諭すスタイルである。町人の問いが切実なら、答える梅岩の論諭も真剣である。町人は彼らを下に見ようとする社会にあって、自力で位置を築き、生計をたて、家をつくらねばならない。武士のような俸給はなく、農民における土地の支えもなく、職人の技もなく、頼りとするのは自分だけ、そして同じ立場の町人たちである。梅岩は自助自活の道を説きつつ、同業者、町人仲間との共闘をも呼びかける。儒者や仏者の上からの教説にはない、立場を同じくする者、日々怠らない実践を通してしか存在しえない者同士の生む熱気が、問答から伝わってくる。

「五倫五常の道は、天下国家を治るも一列なり。この故に小（商）家といへども教あり」とし、儒学の教えを商家に援用する。「小家を治むるも仁、国天下を治むるも仁」である。仁に上下の差はなく、仁に基づく生きかたをする限り、「商人の道と言ふとも、何ぞ士農工の道に替ることあらんや」と商人道を正当化する。町人にはつねに士農工という階級意識が足枷《あしかせ》となってまとわりついていた。だからこそ商道徳、仁による偽りのない商取引上の正当の利を説き、その実践へと後押しする。問答には表には出せない上層に対するひそかな抗言もにじみ出る。

仁による生活を支えるのは質素倹約である。倹約については、『都鄙問答』よりも後に著された『斉家論』に親切に説かれる。

「倹約は財宝をほどよく用ひ、我が分限に応じ、過不及なく、物の費捨つる事を厭ひ、時にあたり法にかなふやうに用ゆる事」と、平凡ながら実践可能なことを教える。倹約と吝嗇とはちがう。「吝《しわ》きことなく倹約を守り、……出入従ふ者をあはれみ助けたき志」あるとき、すなわち「倹約の事を得心し行ふときは、家斉《ととの》ひ国治り天下平なり。……倹約を言ふは畢竟身を修め家を斉へんため」であり、「この正直行はるれば、世間一同に和合し、四海のうち皆兄弟のごとし。我が願ふ所は、人々ここに至らしめんためなり」と、またしても儒教思想へと回帰する。しかし願う本心は、「商人に正直なし」とする世の通念に対し、仁に基づく商法で正直を実践することで商人・町人の社会的地位向上と認識の変革をはかることにあった。上に和合する口調に、正直の商道徳により、四民平等をかち取ろうとする切願が読みとれる。

梅岩のころは町人へのまなざしの改変という悲願があり、儒教に従い封建体制とその道徳に従いつつも、町人自身の意識変革をはかり、身をもって社会に働きかけて町人への認識を変えたいという切実な願いがあった。「我れ貪らざれば自ら世に施すの理あり」（梅岩語録）として、倹約から残るものを社会に施すのもその一端である。困窮者への救恤《きゅうじゅつ》活動や救民運動にのり出したのも町人観を変え、町人の社会的向上という願いからであった。正直も倹約も町人自立への実践哲学・実践倫理の提唱かつ実行であった。

◆保守化していく町人道

梅岩の町人による町人のための町人道の提唱・実践はいかにも町人階層の上昇期の所産であった。封建倫理を表に立てつつ独自の町人倫理を創る運動は、門弟たちの時代には、町人階層の成長と社会的認知により、梅岩の気概と熱烈さは薄れ、体制順応へと穏和化していく。多くの門弟のなかでも、梅岩を継承し、その平易化によって女性や子どもにまで聴講者を拡げたのが手島堵庵で、町人道の成熟よりも町人の体制内安定をはかる町人教化活動と化した。町人ならではの思想や実践道を説くというよりは、最も世に行われた「町人はしら立」に見るように、梅岩思想の通俗化であり、和合のためには「無理いわず、無理せぬ」ことこそ処世術と繰返し、体制や世間に迎合する口当たりよい講釈となってくる。町人はすでに上方では社会内に場を得ていたのである。あとは「心」の学としての心学を上方から全国へ弘通させることに努められた。論語や中庸・大学、そして心学のツボを「いろはうた」(児女ねむりさまし)にするなど、新宗教もどきの工夫もあって、心学は町人の枠を超えて広く庶民一般に、ときに武士層にも広がり、通俗倫理、実用処世訓として受け容れられていった。

堵庵の代講として江戸に下った弟子中沢道二は江戸に初めて心学講舎をつくり、江戸を中心に関東一円に心学を広める。社会の保守的安定と相まって、「無理をせぬ」保守的内容を教導する心学は京・大坂・江戸を拠点に、全国に向け巡講を展開、封建体制を補完するものとされるまでに根づいていった。町人道から庶民道へ、町人道義から庶民倫理へと拡張していった。梅岩にあった社会体制への批判も、倹約という消極策を転じての積極的な社会参加の意欲も衰滅してしまい、体制協力的な町人・庶民づくりの俗講と化してしまった。保守的体制順応型の考えかた、身の処しかた、人間観、社会観は、こうして近世半ばから庶民層に浸透し、それが「無理のない」保守安定を好む風土の土台となるまでに全国的な風靡を見せた。毒を抜かれ勢いをそがれた思想は体制にいつも利用された。

町人道、庶民道が社会体制に容認されたのは、幼少時からの教育と、それによって培われた無理せず倹約につとめる町人、庶民の生きかた、処世術によってであった。修身によって家を斉え、社会に貢献する心学を是認、利用することで、支配層は権力を揮うことなく町人、庶民を掌握できた。役に立つおとなづくりが心学の教勢拡大の看板となり、老いへの関心は安定社会のなかで薄れてゆく。幸せな老いよりも大切なことは社会に役立つことであって、老いについて講席でふれても、「心学のおしへの杖に助けられ極楽へ行く足の軽さよ」（道二翁道話）と、歌で心学を頼りに生きることを奨め、「我さへ殺してしまへば、まるで仏じゃ、……この席の方々はみな、丸で仏じゃ」とおだて、上を信用し、我を殺して預けて生きよと諭す。愚民化教育とも見える。「御存生のうちから、石碑まで立ておかれ、世に長らへる身こそ安けれ」（同）。これが老いへの処方である。勤めに勤めた壮年期のはて、老いは諦めのように我を殺して迎えるもの、と軽くいなされてしまう。社会のなかで位置を得、居場所を確保するのが町人の生き甲斐である。壮年期までが町人の実動期であって、老いを積極的思索の対象にするゆとりは、体制にくり込まれた心学にはありうべくもなかった。老いについて、人生の姿について関心を抱くのは、町人学者や心学者でなく、やはり『徒然草』になじんだ文人層であった。老いの思索は勤倹の生、働きづめの生からは望むべくもなかった。

◆『近世畸人伝』の描く老いの境地

時代を超えて多くの町人学者や心学の徒が支配層の封建倫理をふまえて町人のための町人道、庶民倫理を説諭してきた。そこに一貫することばが「人の道」「人倫の道」で、それは四民に有無を言わせぬ力があった。ひととしてはずれてはならない道という意味が込められており、聞く方もそう受け止め、「人の道」は万人の当然身につけるものという趣きがあった。町人学が当初の上層や社会への批判や反抗心を捨て、体制に順応したのは「人の道」ということばの穏やかだがしたたかな呪力のせいである。「人の道」はしかし、ことばのもつ易しいニュアンスを裏切るように、世間に生きる生きかたに制約を課し、平準化を含め、重苦しいものと感じられることも多くなった。心学ブームに見るように、倹約に努め、無理せず、畏や慎や忍を抱えて、仁に生き、扶け合い、体制に協力するよう仕向けられるとき、それは往々にして息苦しい重圧となり、暗黙裡に体制協力への誘導工作と映った。

自分らしく生きたい。体制に緊縛されず、それに奉仕せず、自分の生を生きたい。そういう願いは「人の道」を遵守する支配機構にとり込まれている四民のどの階層からも現れてくる。その願いを集約するように著されたのが、江戸後期、伴蒿蹊《ばんこうけい》の『近世畸人伝』である。町人道が体制にくり込まれて生の慣習と化し、御用儒者の訓戒も世俗倫理に堕したとき、人間らしい本音、「人の道」でない人間らしい生きかたが求められ、話題とされるようになる。『近世畸人伝』はすでに評判のあった「隠逸伝」を踏襲しつつ、隠士だけでなく、行業や処世の尋常でないもの、世俗の「人の道」を逸脱したもの、すなわち畸人たちの生きかたを集めたものである。当てがわれた「人の道」でない独自の道を行く畸人・隠士が、五倫五常で拘束された世界に風穴を開け、人間の多様さ、おかしさを開陳してくれるであろう、との蒿蹊の予測通り、模倣作も続出するほどに広く世に受け入れられた。教導される「人の道」でなく、人間らしい生きかたへの関心は閉塞社会のなかにくすぶっていたのである。

『畸人伝』にはどういう人物、どういう生きかたが登場するか。はじめは「隠なるが故によく知るべからず」という三熊花顛《みくまかてん》（本書の挿絵画家）のすすめに発した。「しかじ、隠と隠ならざるを問はず、ただ畸人を集へんには」と、徳行のひとであっても世に比べて奇なる言行のひと、徳行の奇なる者、風流風狂の士でも趣ある者をとりあげ、「私に追慕」しようと編まれた。録された畸人は儒者、仏者、神学者、老荘者、歌人、国学者、俳人、医師、書家画人らの他、多くの町人や百姓である。

選ばれたひとを叙するのによく用いられることばがある。たとえば「よろづのことに心とどめず」「琴書を楽しみて、隠を全うせり」「清操ともに昔の隠逸にも劣らぬ人品なり」。こういう評言のなかでもとりわけ多いのが「隠」という文字で、隠士、隠者、隠逸、隠僧、隠徳、隠志、隠操など、世に隠れる者、市中にあっての隠れた善行、隠善、奇特な隠行が称えられる。たとえば室町宗甫。

「宗甫は京師室町四条街に何がしといへる豪商なりしが、男子二人ともに無頼なるがゆゑに勘当す。しかりし後、世中うるせく覚えて、他の子を嗣として家を譲るとも、この二人の悪者来たり、まつはらば心よからじとて、その家をはじめ、ある所の調度どもみな売立てしに、二万金になりぬ。」

その後、宗甫は世の交わりを止め、金は貧しいひとへの施しとし、ひとづてに施すのは、たれかれを問わずつねに金五両。施されたひとが謝礼に来ても、我に非ずと答え、二万両をすべて施してしまう。おのずから仏教にいう空思想の実践「三輪清浄」（施す者、施される者、施す物、この三つが清浄）である。「つねに鼠《ねずみ》色の綿衣、墨染の布衣」で、死のときは銭三百文と米二合のみ、「二十余年心のゆくままに過して、七十有余」の隠善、隠徳の生涯で、己れの隠行も意識しない生であった。

中江藤樹や貝原益軒、手島堵庵、契沖、荷田春満、池大雅、売茶翁、久隅守景ら世に知られた人びとにまじって、桃山隠者とか山科農夫、米屋与右衛門とか表太こと表具師太兵衛など、市井・田園の人物も多く登場する。そのひとり大坂の小西来山という老荘者の俳諧師は「お奉行の名さへ覚えず年暮れぬ」とうそぶくほどお上《かみ》と疎遠を貫き、酔って獄に入れられても名も住所も言わず、友人の問い合わせで救出されるという反俗ぶりである。多士済々、こんな生きかたもあるかと驚かされ、隠にして畸が、しおらしい「人の道」にない鮮度で迫ってくる。

「隠」のほかに人物を叙するのによく用いられるのが、無欲、無私などの「無」。無は仏教で最も大切にしてきたことばで、往生伝や『徒然草』にも頻出したが、『畸人伝』では仏僧を扱うときでも仏教色は希釈され、欲を離れ私心を去った老荘思想に通じる言行に多く用いられる。「隠」と「無」は畸人、隠士に欠かせない資質である。

ついでよく用いられるのは、閑居とか閑静、清閑、閑寂など、ひとの風体を叙す「閑」である。閑とはしずか、のどかで、悠揚迫らない姿態をいう。清閑という語が多く見られるように、閑についで「清」もよき生きかたの条件である。清操、清雅、清明、清節、清遊、清貧、すべて汚れなく穢れなく、こだわりない姿である。清々しくあるためには俗間にあっても距離を保つこと、離俗が必要で、「離」もよき生きかたの作法である。名利の巷《ちまた》にあってそれらから離れていることが、よき生、きれいな処世である。

『畸人伝』には、俗のままに隠であり、閑であり、清く、離俗の人士も多いが、他に俗を離れ、あるいは俗に交わりつつ風流、風雅に遊ぶ者も多く、風狂の僧俗もいる。「風」とはとらわれからの解放、こだわりからの自在を表す。とらわれや執着は仏教の嫌ったこと、そして市井にあっても地位や名利などにとらわれることは最も醜い所行、俗物俗人として嫌われた。「風」は執着を去った状態、とらわれという事態も意識もない自在の境地を示す。「風」を生きるとき、ひとはいま・ここにこだわらず、風雅にあそぶことを選んだ。俳人丈草、市井のひと中倉忠宣、惟然坊、表太、手車翁などその類は多い。瘋癲《ふうてん》の人士もいた。生死をも風のごとく超越したありかたである。

「よろづのことに心をとどめざること」、自分にも、名利にも、世に言う五倫五常にも心とどめず、自在であることが隠士、畸人の資質である。言行万般において「よき人」「よき処世」とは隠、無、閑、清、離、風などの表す風体をおのずからに心身から感知させるありかたである。世俗にあって出しゃばらず、無私無欲、隠逸風雅、清雅閑寂、万事にとらわれず、風のように、力まず、飄《ひょう》々と生き死ぬ、それが『畸人伝』の推す人間像、老境である。それらをすべて自然体で体得して世に処した典型は、南画家池大雅、一服一銭の茶をひさぐ売茶翁で、それを叙す蒿蹊の筆致も清雅である。倫理に基づく生を超え、汚れなく清らかに自在に生きる生、「人の道」の生と対蹠にあるのが『畸人伝』中の生であった。

◆「人の道」「人倫の道」を超える生

なぜ近世後期、この書が歓迎されたか。支配体制は上から下へと、仁を中心に五倫五常を「人倫の道」「人の道」と教え、血肉となるまで四民に浸透させてきた。独自の町人の道が萌芽しても、心学にみるようにすぐに支配倫理のなかにくり込まれ、「人の道」として俗道徳化してしまった。町人・庶民はすべて身を修め家を斉えることで支配層や国に奉公するものとされ、それによって世のなかの交わりを認可されてきた。「人の道」という倫理はひとを拘束するもの、人間の内なる欲望や可能性を扼殺《やくさつ》するように機能する支配工作でもあった。しかし近世後期、商業経済の発展、諸学の拡散などにより、支配体制への疑問も起こってくる。体制の弛みも見えてくる。「人の道」という習性と化した倫理にも抵抗感が生じてくる。『近世畸人伝』はその一端である。

「人の道」以外の生きかたを求めて、社会体制から離脱する者、隠れる者、風流にあそぶ者、世俗とはちがうことをする者・畸人などが顧みられ、かつそれらを実践する者も現れる。奇をてらうのではなく、世を離れ、隠れ、清らかに、閑かに、風のように執着なく生きようとする。そこに人為的な

「人の道」でない、老荘にいう「道《タオ》」のような道、己れを拘束世界から解放する道、「天の道」ともいうべき、天衣無縫の道が開けてくる。

自然の摂理に、人間の自然体に、身を任せるような道、「天の道」は、世俗にあっては奔放な発揮は許されない。そこに隠とか無、閑とか清の処世法が自生してくる。隠士、風流者、清雅の徒、風狂人となって、天の道と和合する道を歩むのである。世俗にとらわれず、己れへのこだわりも去っているため、生も自在、死に面しても悠々である。隠と閑と清と風と離を静かに営むとき、おのずから無や空の老いの境地が約束される。畸人伝中の人物は老いが閑であり清である。閑にして清の老いの生きかた、処世を紹介するのが『畸人伝』の願いでもあった。きれいに老い、きれいに死ぬためにはどういう生きかたがされてきたか、という問いでもあった。ここに「人の道」の支配体制順応型倫理にはない、きれいな生と老いと死が復活し、遠く『徒然草』と呼応し合う。ひとにはそれぞれの資質があり、好みもある。ひとはそれぞれちがい、それぞれちがうひとが、公用倫理でなく、それぞれをわきまえ、認め合いつつ、それぞれの個を活かして生きる、それが『徒然草』もよしとする生であり、老いであり、「天の道」とも響き合う生死のイメージである。近世後期になって、「人の道」から隠れ離れることで、ようやく人間それぞれの発見があり、それぞれの倫理が芽吹いてきたのである。

倫理は本来、状況に応じて絶えず創り直されるものである。創造行為としての倫理が生きた倫理である。そして創造とは他への呼びかけである。『徒然草』は小さな世界のなかで老いの心得や作法を語り、老いの美学を呼びかけた。『近世畸人伝』は、二百年を閲した近世において、儒教によって教化・改造された人間、勤倹を生の作法・目的とする人間から、人間それぞれの生きかたへと目を転じ、世間に有用な人間でなく、納得できる自分、身辺や世間に迷惑をかけず、かつ親しまれる人間へと、それぞれの道を選ぶよう語りかけ呼びかける。『畸人伝』には生きかたの美学と同時に、老いをそれぞれ工夫する心得と作法が語られ、老いの美学が炙《あぶ》り出しのように浮上してくる。

「人の道」という習俗的倫理は近代まで、とくに庶民層を深く浸潤して生きつづけ、それが今日の保守的風土をつくる基盤ともなったが、その根強い趨勢にあって『畸人伝』の呼びかけるそれぞれの道を模索するものも輩出してくる。上からの教育でない自発学習も実践されてくる。近代への模様替えのなかで、しかしいつもとり残されるのが老いへの関心であった。老いの問題は、支配体制が強圧的で、成長・拡大路線を突っ走り、上から下への目線で社会が保持されているところでは、青壮年の有用層への関心とちがい、有用層には無縁のこと、体制には無用のこととされてきた。ましてや老いの生きかた、倫理が俎上にのせられることはなかった。近現代の長期にわたる老いの無視が、老いの始末法を論議するような殺伐たる今日の体制をつくり出したのである。老いの心得や処方、ましてや美学などが浮上してくる気配は薄い。『徒然草』や『畸人伝』は閑かに老いのウェルビーイングを語りかけてくれた。それらと呼応する老いへの心温まるまなざしの復活を願うばかりである。

引用文献（＊印は原片カナを平かなに改めた。なお、引用文は読みやすいように、若干、漢字かな表記を変えたところもある。）

卜部兼好　徒然草　木藤才蔵校注　新潮日本古典集成

島井宗室　生中心得身持可致分別事　中村幸彦校注　日本思想大系59 近世町人思想　岩波書店
三井高房　始末相続講式目　町人考見録　同上
貝原益軒　五常訓（＊）　荒木見悟・井上忠校注　日本思想大系34 貝原益軒・室鳩巣集　岩波書店
貝原益軒　養生訓　石川謙校訂　養生訓・和俗童子訓　岩波文庫
石田梅岩　都鄙問答（＊）　小高敏郎校注　日本古典文学大系97 近世思想家文集　岩波書店
石田梅岩　倹約斉家論　語録（＊）　柴田実校注　日本思想大系42 石門心学　岩波書店
手島堵庵　児女ねむりさまし　同上
中沢道二　道二翁夜話　同上
伴　蒿蹊　近世畸人伝　森銑三校注　近世畸人伝　岩波文庫

3 辞世
――クオリティ・オブ・ライフの証言

◆中江兆民『一年有半』を読む

「明治三十四年三月二十二日東京出発、翌二十三日大坂に着したり。二、三友人停車場に来り迎へ、余が顔を熟視し大いに驚きて、余があるいは直に卒倒せざるやとまで思ひたると、旅宿に着したる後に言へり。」

「生前の遺稿」と副題された『一年有半』の書き出しである。前年十一月より咳込みはじめ、喉頭カタルだろうと放置したまま、しだいにはげしくなる喉痛をおしての夜行十六時間、木椅子の三等列車での長旅であった。新聞界から一旦手を引いて、新規事業を推進するための下阪である。四月に入っても喉痛は止まず、癌腫ではないか、と専門医堀内謙の精密検視をうけたところ、切開を要すとの診断、自らは切開を望んだが「九死中一生なし」という危険手術とて、思いとどまった。

後日改めて堀内医師を訪ね、遠慮なく明言してほしい、「臨終に至るまでなほ幾何《いくばく》日月あるべきか」と問うた。「この間に為すべき事と楽むべき事とあるが故に、一日たりとも多く利用せんと欲するが故」である。医師は「沈思二、三分にして極めて言ひ悪くそふに曰く、一年半、善く養生すれば二年を保すべしと」。ここに書名も決った。

「かく一年半てふ死刑の宣告を受けて以来、余の日々楽しみとする所は何事ぞ」、一は旅宿の身とて、差当たりは当地の「朝日」「毎日」両新聞と「万朝報」を読むこと、この三紙によって「世界との交際」を継続することである。それまで新聞人・雑誌人として、政治家・実業家として、つねに現実問題、とくに政治・経済・外交問題と民権運動と、自由平等思想という理想主義をもって闘ってきただけに、伊藤博文内閣や桂太郎内閣などの牛耳る政界は黙視しえず、「宣戦布告」することが生き甲斐、楽しみであった。もうひとつは「戯曲界の一偉観」というべき大阪の人形浄瑠璃、義太夫を楽しむことであった。これらに接すれば「朝に道を聞いて夕べに死すとも可なり」であった。

病いは昂進し安眠も不可となり、五月二十六日、気管切開の手術を堀内医院で受ける。声音しわがれ、「一種の不具者」となった。六月十八日に出院。再び旅館くらしのなかで早速に大隅太夫の「壺阪寺」を明楽座で楽しんだ。

六月二十一日夜、朝日号外によって星亨刺殺を知るや忽ち一の楽しみ、政界への怒り、世界への嘆きは病苦を超えて噴出し、正邪を正す新聞人魂がよび起こされ、この事件をきっかけにかつての鋭い筆鋒は甦り、病床にあって政治家とその悪を糾弾し、理想の政道を遺稿の思いをこめて説諭しつづける。

七月四日、中之島の旅館から堺市の知人宅に移ってからも、新聞に触発されては、哲学なき日本を嘆き、政界に人なきを慷慨し、明るい毒舌はつづく。伊藤博文は「下手の魚釣り」で「野心余りて胆識足らず」、大隈重信は「宰相の材にあらず」「百敗ありて一成な」く、山県有朋は悪がしこく、松方正義は「至愚」、西郷従道は「怯懦」、そして他の「元老は筆を汚すに足る者莫《な》」く、「伊藤以下皆死し去ること一日早ければ、一日国家の益なるべし」と筆は冴える。自由党や進歩党の無主義、無経綸を揶揄し、伊藤博文を執拗なまでに愚弄したあとには、吉田玉造や桐竹紋十郎の人形遣い、津太夫、越路太夫の浄瑠璃、広助、吉兵衛の三弦を賛嘆する。一夕、妻と浜寺の風光明媚の海辺を逍遥、ともに入水するかと言っては哄笑。南瓜一個と杏一籠を買って帰るという静かな一日もある。自殺を肯定しつつも、病床にも自ら楽しみありと、日々記述する「一年半」を楽しみとして生きる。日を追って病いの進むにつれて「遺稿」には、足どりを倶《とも》にしてきたこの世界への感慨が込められ、思いを込めた遺書めき、遺書を記すことが一年半の生の支え、充足となった。

現実に、世界に、自分に真摯に向き合っている限り、日々論ずべき課題、言い遺しておくべき話柄は尽きない。内閣を糾弾し、「官とは何ぞや、もとこれ人民のために設くるものにあらずや、今や乃《すなわ》ち官吏のために設くるものの如し」と公機関や官僚の悪を論じ、維新以降三十余年にわたって築いてきた「腐敗堕落の社会」を慨嘆する。政府の無策に対しては、工業・農務・水産・牧畜など殖産面をも論策し、婦人にも目を向け、服装改良や諸種礼式の改良も提言し、近代漢語の杜撰《ずさん》を嘆き、近代の文章・文字を論じ、俗曲俚歌を称えもする。わずかに目にする新聞からも、自らの理想追求の挫折感もあって、考え、正し、提案すべきことは日々湧き出てくる。生きてあることの実感は、兆民にとって、現実に問題を見出し、自らの所信を、ときに筆戦のように吐き、ときに思索的筆致で綴ることにあった。喉から声は出なくても、病床という筆陣、自らの砦から警鐘を鳴らしつづけることが生と化していた。

「疾病なる一年半、頃日《このごろ》少しく歩を進めたるものの如く、頸頭の塊物漸く大を成し、喉頭極めて緊迫を覚え」る日々にあって、食を摂ることがすなわち「一年有半を録する所以」となる。思うところを余さず遺言するために、流動食とはいえ食は旺盛であった。政治や社会に対し、近代化に対し悲憤しつつも、挟まれる小康状態のように、筆戦の合い間に、郷里高知の食べ物自慢や団十郎・梅幸・団蔵など名優の思い出、梅ヶ谷・常陸山などの相撲話が間奏曲のように入り、友人知己の人物論が温く鋭く、別れの挨拶のように綴られる。そして倶《とも》に学び、歩み、闘ってきた人物、慌しい人生を楽しませてくれた一芸に秀でた人物を、指折り数え、「近代において非凡人を精選して三十一人を得」た。「曰く藤田東湖、猫八、紅助、坂本龍馬、柳橋（後に柳桜）、竹本春太夫、橋本左内、豊沢団平、大久保利通、杵屋六翁、北里柴三郎、桃川如燕、陣幕久五郎、梅ヶ谷藤太郎、勝安房、円朝、伯円、西郷隆盛、和楓、林中、岩崎弥太郎、福沢、越路太夫、大隅太夫、市川団洲、村瀬秀甫、九女八、星亨、大村益次郎、雨宮敬次郎、古河市兵衛」。学者、志士、政治家、実業家は合わせて十三人、その他は大道芸人、役者、噺家、講釈講談師、長唄、義太夫、常盤津、三弦、三味線、相撲、囲碁、歌舞伎女優等々の世界から十八人である。そのあとに伊藤博文、山県有朋、板垣退助、大隈重信、「その他擾々たる者」は紙面を汚すにも足らず、と切り捨てる。識見をもって政治・社会の近代化に挺身した人物、開化の表層に流されず一芸を磨いて広い層との交歓をめざした諸芸人たちで、厖大な民（兆の民）と好みを共有したいとする兆民の見識がうかがえる人選である。兆民の思いを映す近代群像である。

兆民は日本の近代化とともに歩んできた。自由民権思想の理想を掲げて近代の構築に邁進したが、志は殆ど実現しなかった。挫折感が病床五十四歳の兆民になかったとはいえないが、弱音はない。逆に政財界や官界、思想界をはじめ「邦人相い率いて腐壊堕落の境に淪胥《りんしょ》」する事態を嘆じて倦まず、ついには近日来の「新聞一も興味の事」なく、「余においても一に心を用ゐしむるに足る」なし、と慨嘆する閉塞現状となる。そんななかで「余の期待する所」は、もし往来すること可能ならば、義太夫を聴き、人形を視て「以て暇をこの娑婆社会に告ぐるを得んこと」であった。「これら傑出せる芸人と時を同《おな》じくするを得たるは真に幸せなり。余いまだ不遇を嘆ずるを得ざるというべし」。この至願をもって二か月弱にわたって旅先で録された『一年有半』は終った。

◆兆民という歴史社会的現象

「余《よ》明治の社会において常に甚だ不満なり、故に筆を取れば筆を以て攻撃し、口を開けば詬罵《こうば》を以てこれを迎ふ」と自ら顧み、喉頭の悪腫の医治のすべなく、「手を拱して終焉を待つ」の身となった。それも社会の下す罰かと呵々と自嘲しつつも、筆鋒は衰えることなかった。明治社会に不満を抱えて兆民は、自分に、日本に、どう対していったか。死に向かう兆民を見つめるに当たってその生の経歴を一瞥する。

兆民は高知城下で弘化四（一八四七）年、足軽の家に誕生。幼名竹馬、のち篤介、明治二十（一八八七）年以降、兆民の号を用いる。文久元（一八六一）年、父の死により家督を相続、翌年から藩校で漢学、英学、蘭学を学び、慶応元（一八六五）年、土佐藩留学生として長崎にて英学を、ついでフランス学を学んだ。長崎では坂本龍馬を知った。翌年二十歳のとき、江戸に遊学、深川の村上英俊の達理堂でフランス語を学び、傍ら歌妓から三味線を習い、品行悪く達理堂から破門された。ついで横浜に赴き、カトリック神父からフランス語を学び、二十一歳にしてフランス大使レオン・ロッシュ、領事レックの通訳として関西に滞在、大坂松島遊郭内にあった文楽座で義太夫を知る。王政復古の急変は幕府を支持するフランス側から知った。維新後、箕作麟祥の塾に学び、大学南校の大得業生となり、フランス語を教える。翌明治四年、外国留学を志し大久保利通に直訴、板垣退助・後藤象二郎の斡旋で留学を命じられ、岩倉具視全権大使一行とともに出発、ときに二十五歳。パリ、リヨンにあって法律を学び、哲学・文学・史学などにも親しんだ。明治七年、帰国。東京麹町に仏蘭西学舎（のち仏学塾）を開学、フランス学の中核として二十一年の廃校までの間に二千人が学び、開明思想の洗礼を受けた俊秀が多く育った。このころまでにルソー『民約論』巻之二までを翻訳。八年に東京外国語学校長に就任。新設の元老院に入って権少書記官となり、翌九年にかけて法律・憲法の草案などの翻訳草稿の作成に当たった。同年、勝海舟の紹介で島津久光に会い、「策論」を献呈、政策への関心を高めた。十年、元老院書記官を辞し、以後官職に就くことはなかった。元老院の陸奥宗光や加藤弘之ら錚々たる連中に接して思うところあったと見える。十一年、大久保利通暗殺という政変あり、さらに決するところあった。

明治十四年（三十五歳）、「東洋自由新聞」創刊、その主幹となる。十五年、自由党の機関誌「自由新聞」創刊、その社説掛となり、フランス仕込みの自由平等論と社会契約論を基に、言論活動で自由民権運動に支援を送った。十月には自由新聞社から離脱。十六年、日本出版会社を設立、社長となる。十七年は群馬事件、加波山事件、秩父事件など続発、自由党の解党など、自由民権運動の高揚のなか、十九年にかけて『理学沿革史』『理学鉤玄』『革命前法朗西二世紀事』などの著訳書を刊行。星亨、末広重泰らとともに発起人となって全国有志大懇親会を開き、沈滞した民権派の結束をはかった。その傍ら二十年には『三酔人経綸問答』を著し、自由平等と民権をモットーとする自説を展開し、さらに『平民の目さまし』で平民の自覚を促した。「仏和辞林」も完結した。高まりを見せる三大事件建白運動では中枢にあって諸処を遊説し、活発な筆戦で政府を弾劾しつづけたこの年十二月、保安条例により二年間の東京追放処分をうけ、暮れには大阪に下った。

二十一年（四十二歳）一月、大阪で「東雲新聞」を創刊、その主筆として、国政論、国会論、議会論、外交論から部落解放論まで連日のごとく論じ、その明敏な論旨、爽やかな毒舌は兆民の名を高からしめた。翌二十二年の憲法発布で赦免、七月には東京の「日刊政論」の主筆も兼ね、東京・大阪両都に跨《またが》っての奮戦となった。二十三年七月、第一回総選挙で、明治憲法の君権主義や反民主主義への批判と被差別部落民の解放を掲げて大阪から出馬、当選した。立憲自由党を結成、第一回帝国議会に臨んだ。三月の第一議会において政府予算案に対する衆議院議員の妥協に憤慨、「無血虫の陳列場」と議会と議員を痛罵して議員を辞職した。

腐敗政治を廃絶し主権在民の民主主義政治を実現するには、民の成熟と、政党の成長は必須で、旧弊打開には多くの政治資金が必要とあって、兆民は政界から一旦離れ、実業界へと猪突していく。辞職した年、「自由平等経綸」創刊、主筆となり、小樽で創刊の「北門新報」の主筆も兼ね、北海道に渡った。翌年には『四民の目さまし』を刊行、札幌で紙問屋土佐屋を開業、北海道山林組を設立して材木とパルプの事業にのり出す。以後、晩年まで毛武鉄道、常野鉄道など矢継ぎ早やに鉄道会社設立に邁進、しかしいずれも失敗し、借金返済を巡って訴訟沙汰もつづいた。

事業失敗のつづくなか、政界への関心も再燃。明治三十年（五十一歳）十二月、既成政党を見限り、仏学塾出身者を中心に国民党を結成、翌三十一年一月、機関誌「百零一」を創刊するも失敗。三十三年、近衛篤麿の国民同盟会に参加して政界革新を図り、十月、「毎夕新聞」の主筆となって論陣を張ったが効はなかった。そして三十四年四月、事業の画策で訪れた大阪で発病、余命一年半と宣告されて「生前の遺稿」『一年有半』を書きとどめる仕儀となった。

◆わが生を確かめる病いと日記

兆民の生は維新後の政治社会の変転と併走し、あるいは日本の歩みを先導するかのごとく、主権在民と民主主義体制の確立こそ急務であると、思想に、政治に、実業に挺身、腐敗と蒙昧の現実のなかを駆け抜けた。理想を燃焼することを使命とする休息を知らぬ生であった。その生は理想を生きることで満たされ、理想の挫折に遭ってもそれがまた発条となって活気を生んだ。理想を生きること以外にこの世にすべき何があるか、と理想を掲げ理想とともに疾走してきた途のなかば、五十五歳のとき、理想の前に死という究極の障害が出現したのである。生の姿勢は変換を余儀なくされた。以後、現実に向け、知己同志に向け、多くの（兆）民に向けて、信じるところを論じ、筆力で多くの蒙を啓き、堕落腐敗と戦い、思うところをあまさず江湖に辞世として発信するのが生の姿勢となった。辞世とは兆民にとって日々の生が見出すものを遺稿として録す行為であった。『一年有半』は一日一日を区切りとして記録していく辞世である。

八月三日に『一年有半』は脱稿、九月に博文館から刊行された。九月六日、堺を出発、思い出の地への袂別、辞世として途中四泊して東京の自宅に帰った。東京でも帝国医科大学の岡田和一郎に余命を問うた。岡田はあと四か月と答え、薬による止痛を約束し、遺稿の続きを促した。十三日、『続一年有半』の執筆を始めた。副題は「無神無霊魂」。十日を要せず、二十二、二十三日ごろに脱稿、十月十五日に刊行された。『続一年有半』は幸徳秋水の引（序）に言うように、「その哲理的所見の一斑を説示」したもので、「古今東西の学説以外、宗教以外に一歩を抜きて、別にナカエニスムとも名づくべき一家のシステムを」もっており、それを詳述して一大著作を成そうというのが哲学者としての兆民の多年の志願であったという。しかし余命は乏しく、ナカエニスムのエッセンスがさらに凝縮された形で、無神論、無霊魂論を根本として唯物論思想を展開する思想上の遺書となった。『一年有半』で政治や社会への遺言をし、自分を整理したあと、『続一年有半』では現実から離れて思想家兆民の遺言をする。自らの思想の縮約としての辞世であった。

十一月初めより体力は急速に衰えを見せる。雲照律師が病室に入り込み加持祈祷すると、それを穢わしいと拒み、筆談用の石盤を投げつけようとした。死に臨んでも無宗教は貫かれた。十二月、遺体の解剖を遺言、十三日午後七時三十分、死去。一年半の宣告に満たない九か月後であった。翌日、遺言通り解剖、十七日に無宗教の告別式が行われ、兆民はこの世を辞した。兆民の生のあらましである。

死の告知以前の兆民の生は張りつめ充溢しきっていた。日々生きていく生において自分をつねに完全燃焼させせつつ、家族と和し、趣味にあそぶゆとりもあった。私器としての生の充実である。事業の失敗つづきにも屈せず、失敗の彼方にはつねに国のあるべき姿という理想があった。その理想のために、自分とその周辺の生よりも歴史的社会的生が重視され、歴史的社会的生に賭することがもう一つの確かな生であり、そこに公器としての生の質があった。私よりも公のために生きるという至願、公器を支える私器としての生が兆民の、兆民が非凡人として推挙した明治人の望ましい生であった。

若年時から理想のために己れを錬え、社会に参加し、公世界を導き、変革の理想を論じ闘ってきた充実の生の途次、死刑の宣告を受けて兆民の生は変換を余儀なくされたが、そこに兆民はまたもう一つの生の姿勢、生の質の充実を見出すことに努めた。自分を記録し、社会に向け、未来に向け、具体的遺書と思想的遺書を書き遺すことが生の質の確かめとなった。伴走する病いもまた生の質の保証となった。「一の一年半は疾なり……他の一年半は日記なり、これ余《よ》なり」と記し、日記を書くことがすなわち私であり、日記が余であり、私の存在となった。日録は生の支え、証しであり、日々の確認となり、辞世ともなったのである。『一年有半』には死と向き合っての生の質がにじみ出る。私人としての生、歴史的社会的な公人としての生、そしてそれらを併せた開き直ったような境地である。闘いの生のはて、過去現在そして未来をも見透した諦観である。

◆子規の病歴と文学風土

兆民と同じように死に向き合って日録を遺した明治人に正岡子規がいる。

数え年二十二歳の夏、喀血、二年ほど前から野球に熱中していた旺盛な行動家への警鐘であった（野球という訳語は子規とされ、打者、走者、直球などの訳語も子規による）。翌二十三歳の五月九日、再び喀血、十月、「肺病」と診断され、喀血は一週間もつづいた。ホトトギスの句を四、五十つくる。子規（ホトトギスの別名。ホトトギスは啼いて血を吐くとされる）を初めて号とした。動揺を示すかのように自分の詩文の草稿を整理し、俳句分類を始める。

子規は中江兆民に遅れること二十年、慶応三（一八六七）年、松山に生まれた。幼名升《のぼる》。父は松山藩の御馬廻加番、母は藩儒大原有恒（観山）の長女。小学校時から漢学と漢詩作法を学び、作文を好む。中学時からは漢詩に加え、時代の思潮、自由民権運動にも関心を示し、演説会に参加、自ら演説もした。十七歳、中学退学して上京、東京大学予備門から第一高等中学に入学。短歌、漢詩、俳句に親しみ、かつ政治にも関心を示す時代の青年であった。すでに「筆まかせ」の随筆も書き始める。明治二十三年、二十四歳で文科大学哲学科に入学（のち国文科へ転科）。哲学や俳句の他に小説にも挑む。明治二十五年（二十六歳）八月、夏目漱石らと松山に遊び、帰途下痢に悩む。九月には血痰が濃くなる。大学退学。一家（母と妹）東京へ移住、陸羯南《くがかつなん》の世話により日本新聞社に入社した。

翌二十六年、ときに血痰があったが、夏には二か月近い東北旅行もできた。二十七年も安穏、俳句に力を注いだ。翌二十八年四月、念願だった日清戦争従軍記者として宇品出港、約一か月、金州、旅順を巡った。五月、大連出発、十七日突然の喀血。神戸上陸後すぐ入院、須磨保養院に移り、八月下旬、松山に帰省。漱石のもとに寄寓し、連日句会。十月下旬帰京、途中、腰部の激痛により歩行困難となる。二十九年二月、左腰の疼痛のため、以後臥褥《がじょく》の身となる。三月、カリエスとの診断の衝撃を払うように人力車で上野の桜を見て廻る。子規庵で毎月句会をつづけ、新俳句運動を展開する。

明治三十年（三十一歳）、新ジャンルに挑み、新体詩二十一篇を発表、二月から腰の痛み止め薬を服用。三月、腰部の排膿手術。四月、談話を禁じられ、再手術。五月下旬、病状悪化、一時は虚脱状態に陥る。六月中旬にやや回復、下旬、臀の下に二か所穴があき膿が出はじめる。そういう状態下、多くの俳論、俳句、新体詩を発表。三十一年、毎月蕪村輪講会を開き、成果を「ホトトギス」に連載、同時に「日本」に「歌よみに与ふる書」を十回連載、短歌革新の方向を提唱し、多くの実作を試みた。

明治三十二年、小康状態下、「四月臀に新しい穴があく」。厄月の五月に入り、腰痛、発熱、不眠がつづき、繃帯交換も大苦痛となり、寝返りも困難となる。秋からは坐ることもできないまま、仰臥して初めて水彩画を描き始めた。翌三十三年も四月までは小康を保つ。その間、伊藤左千夫、長塚節がはじめて来訪。「叙事文」の連載を始め「写生文」を提唱、万葉集輪講会を開き、短歌創作も再び活発となった。

明治三十四年（三十五歳）、明治三十年の病状悪化につぐ大変化に見舞われた。一月八日、「身心共にすつかりだめに相成候」と心の衰えを感じ、十三日には横腹の痛みのため執筆困難に陥る。そんななかで十六日から『墨汁一滴』の連載を始める。「背痛み、臀痛み、横腹が痛む」上に、四月には「立つ事も坐る事も出来ぬは勿論、此頃では頭を少し擡ぐる事も困難」となる。『墨汁一滴』も妹が筆記する状態下、それでも「藤の花」十首、「山吹の花」十首、「しひて筆を取りて」十首と、連作十首を発表、短歌の新表現法に意欲を見せる。六月に入り、目の保養のために病室の外に糸瓜《へちま》棚をつくらせた。七月二日『墨汁一滴』連載終了。九月からは「仰臥漫録」の私的メモを始めた。九月に入り病状進行、鎮痛剤を飲み、終夜悶絶、万事意のままにならぬために絶叫号泣、乱罵、精神不安定がつづくなか、十月十三日の「仰臥漫録」に「古白曰来」（古白いわく、来いよ。古白は学友の藤野古白、明治二十八年自殺）と、自死への思いを記し、錐《きり》と小刀の絵を添えた。十四日には「漫録」に中江兆民の『一年有半』を批判し、さらに十一月には「日本」に「命のあまり」と題して三回、兆民批判を展開した。その半月後、兆民は死去した。

明治三十五年（三十六歳）は一月から病状悪化、麻痺剤なしには一日も越せない状態となり、日に四回服用することもあった。三月十日、前年十月二十九日で休止していた「仰臥漫録」を再開、しかし、三日間で終る。病状悪化により三月末からは伊藤左千夫、香取秀真、河東碧梧桐、高浜虚子らが交替で終夜看護に当たることとなる。五月五日から「日本」に『病牀六尺』の連載を始め、死の二日前の九月十七日まで、九日だけ休み、百二十七回つづけた。「仰臥漫録」も六月二十日から七月二十九日の間、「麻痺剤服用日記」として再々開する。鎮痛のための麻痺剤の服用時刻と回数の記録である。そんななか仰臥したまま、支えられた画板に、六月から菓物の写生を、八月からは草花の写生を、色彩に工夫をこらしながら描いていった。「菓物帖」と「草花帖」である。九月初旬、下痢激しく著しく衰弱、十日に子規庵で最後となる蕪村句集輪講会が開かれる。腰から下は全く動かせず、麻痺剤も効かない。十八日、朝から容態急変、昼間、妹が支える画板に辞世の三句、はじめに「糸瓜咲て痰のつまりし佛かな」、間をおいて「痰一斗糸瓜の水も間にあはず」、また間をおいて右に「をとひのへちまの水も取らざりき」とようようの態で認め、筆を投じた。昏睡状態がつづき、十九日深更一時、昏睡のまま息をひきとった。

数え三十六歳の生涯は、二十二歳のときの喀血から二十九歳時の急進展を経、三十一歳のときの悪化に耐え、三十五歳から三十六歳にかけては地獄の苦しみにも等しい闘病の生であった。病床に縛りつけられたまま死を生きる生涯であった。人生の五分の一近くを不治の宿痾と同衾する生である。そういう生にあって、生きることは、また生の質は、どう意識されていたか。死の二年前から執筆された『墨汁一滴』と『病牀六尺』からうかがうことができる。

◆『墨汁一滴』に託すわが生

「病める枕辺に巻紙状袋など入れたる箱あり、その上に寒暖計を置けり。その寒暖計に小さき輪飾《わかざり》をくくりつけたるは病中いささか新年をことほぐの心ながら歯朶《しだ》の枝の左右にひろごりたるさまいとめでたし。その下に橙《だいだい》を置き橙に並びてそれと同じ大きさほどの地球儀を据ゑたり。この地球儀は二十世紀の年玉なりとて鼠骨の勝りくれたるなり。」一九〇一（明治三十四）年、二十世紀の始まりの年を寿ぐ文章と、病床の説明をもって『墨汁一滴』は連載を開始する。そして「年頃苦しみつる局部の痛の外に左横腹の痛去年より強くなりて今ははや筆取りて物書く能はざるほどになりしかば思ふ事腹にたまりて心さへ苦しくなりぬ。かくては生けるかひもなし。はた如何にして病の牀のつれづれを慰めてんや。思ひしく居るほどにふと考へ得たるところありて終に墨汁一滴といふものを書かましと思ひ立ちぬ。（略）病の間をうかがひてその時胸に浮びたる事何にしてもあれ書きちらさんには全く書かざるには勝りなんかとなり。（略）朝々病の牀にありて新聞紙を披きし時我書ける小文章に対して聊か自ら慰むのみ」と連載の動機を語る。一は病床に縛りつけられた身の無聊の慰撫、二は胸中の思いの発散と外部との接触、三は印刷された小文章による自らの安堵と自分の社会内存在の意味の確証、である。病床にあって病床外の外部社会とのつながりを保証してくれるのが日々の小文章で、そこに病むひと子規にたしかな生の質が感知された。

七月二日まで百六十四回にわたって話題は大別して①身辺のこと・病状のこと・心境、②短歌のこと、③俳句のこと、④文章や文芸芸能・絵画のこと、⑤社会・世相・風俗のこと、⑥交友・知己のこと、で、最も多いのが①、ついで②③④で、子規の関心はどんなに外部に向かおうとしても、身体が緊縛されているように、世間としての身辺へと引きずられていく。病気との併走が生の基本スタイルで、社会や世相を見るときも政治や政治家にふれても、そのことが視野を限定し、新聞記事の感想を出るものとはならなかった。それに比べ短歌と俳句を語るときは熱っぽく、論評も厳しくなった。文章や絵画についての感想も、好むところとあって、的確かつ親身である。連載はあちこちに揺れつつ、愛弟子の赤木格堂の贈ってくれた平賀元義歌集を知って、俄然わが意を得たりと活気づく。「我々の歌を作る手本として学ぶべきは何の集ぞ、と問はん時、そは『万葉集』なり、と躊躇なく答へん者は平賀元義一人なるべし」と持ち上げ、自らは徹底しえなかった万葉調短歌を鼓吹する。独自の短歌を領導せんとする指導者意識が短歌・俳句のこととなると湧出してくる。それはまた自らの社会的歴史的生の自他への確認であった。

　投稿の歌・句に多く接するだけに、「切の字の扁《へん》は七なり、土扁に書く人多し」など、文字への目はこまかい。正書法を考えたりするのも、短歌俳句という小世界の統率者意識の現れである。ときに社会に目を向けるかに「不平十ヶ条」を表明しても、「一、元老の死にさうで死なぬ不平」「一、大きな頭の出ぬ不平」などのあとは、「一、郵便の消印が読めぬ不平」から「一、人間に羽の生えて居らぬ不平」まで身辺や仰臥の身からの願望で占められる。そして話題はすぐに俳壇のことに移る。俳句や短歌界の事情には社会への目と比べはるかに鋭敏で、ライバル誌「明星」を読んでは落合直文の歌に対し七回にわたって異例の長文の批判を加え、「妄評々々死罪々々」と結ぶ。自らが賭した世界では大人気ないまでに筆は滑る。

病者特有の鋭気もちょっとしたきっかけで出る。前年つくった「松葉の露」十首の趣向を「桜花の露」と同じように見られたこと、客観と主観の区別ある両種の露を同じと見られたことの口惜しさが、翌々日には暫く疎くなっていた作歌へと駆りたて、机の上の藤花を見上げながら、「瓶にさす藤の花ふさみじかければたゝみの上にとゞかざりけり」以下十首をつくった。鬱積を払うように流れ出る歌は「をかしき春の一夜や」と久々の心の解放を導いた。その発散を機に歌心再発、「山吹の花十首が「やすやすと口」に乗って出るのを喜び、矢継ぎ早やに十首をつづける。五月の節句には「かしは餅の歌」十首、根岸の失われたほととぎすの声を偲び「ほととぎす」十首と戯れる。溢れ出ることばのリズム、趣向の湧出を楽しみ、それはおのずから病床にある子規の願う生のリズムでもあった。歌のしらべは呼吸のしらべ、生のしらべであった。生の質であった。しかしその翌日には気分も反転、「我枕もとに若干の毒薬を置け」と記す。生来わがままであったが、小文章も気分もわがままに展開、死の凝視よりも今の思いが先行しがちである。

新しい俳句の時代を作ろうと「春夏秋冬」という明治俳句集に意欲を燃やし、碧梧桐の新興俳句など俳句界に注文をつけ、俳句界に、とくに門人に自分の位置の確認を迫るかのような構えた文章がつづくかと見れば、中村不折の洋行を機に、不折の画風を語り、自らの絵への開眼を語る。そして「なれ鮓」の話でぽつんと連載は終る。不折論は次の『病牀六尺』への架橋でもあった。

◆わが世界『病牀六尺』

つづいて『墨汁一滴』の流れを汲みつつ、非公開のメモとしての「仰臥漫録」を間に挟んで、翌三十五年五月五日から『病牀六尺』の連載が始まる。「病床六尺、これが我世界である。しかもこの六尺の病床が余には広過ぎるのである」と筆者の状況を読者に知らせ、「毎日見るものは新聞雑誌に限つて」いるが、「読めば腹の立つ事、癪にさはる事、たまには何となし嬉しくて」「病苦を忘るやうな事」もあり、「六年の間世間も知らずに寝て居た病人」の胸中を綴ろうというのである。話柄は身辺のこと、病状のこと、それにまつわる心境が最も多く、ついで『六尺』で目立つのは短歌のことが極端に少なく、創作面では俳句に絞られる。そして俄《にわか》に精彩を放ってくるのは画家や画集のこと、写生のことである。

話題は日々の情報と気分のままにあちこちに揺れつつ、「今日は頭工合《ぐあい》やや善し。虚子と共に枕許にある画帖を（略）引き出して見」（五月十二日）るなど、幼時より好きだった画のことになると筆致も安定する。人物画よりも花鳥を好むとし、「余の性情の性簡単を好み天然を好むに偏するか」と、短歌よりも俳句の人であった己れの本領を画論に重ねて吐露しもする。「睡眠を恐れ従つて夜間の長きを恐」れ、ために深更まで人を引きとめるという状態下、ときには想像裡に吉野に遊び、吉野十句を連ねて心を慰撫し、根岸の三島神社の祭礼日には「豆腐汁木の芽あへの御馳走に一杯の葡萄酒を傾け」「いつにない愉快」さに祭り八句を奉献したりもする。

『病牀六尺』は子規の病状・気分・頭具合の揺らぎをそのまま響かせて、生のリズムというよりは病者の精神状態の映しのように揺らぎつつ進む。「仰臥漫録」が非公開の心身カルテならば、『病床六尺』は知人や読者を意識した公開カルテである。そのため読者へのサービスあるいは読者の声を聞きたいかのように、「ちよつと見たいと思ふ物」を「活動写真／自転車の競争及び曲乗／（略）ビヤホール／女剣舞及び洋式演劇」等々と列挙し、好奇心を読者と共有しようとする。気分に余裕のある日には「余は今まで禅宗のいはゆる悟りといふ事を誤解して居た。悟りといふ事は如何なる場合も平気で死ぬる事かと思つて居たのは間違ひで、悟りといふ事は如何なる場合にも平気で生きて居る事であつた」（六月二日）と、病状に翻弄され、つねに死を怖れ構えるところあった自分を顧み、日々に揺れ動く気分を改め平静を殊勝にも心がけようとする。こういう素直な稚戯的な軽さも子規の本性であり、死への処しかたでもあるが、持続することはない。

「明治維新の改革を成就したものは二十歳前後の田舎の青年であ」った。医学界も漢詩界も刷新したのは後進の青年であり、俳句界・短歌界を改良したのも青年の力であった（六月十八日）、と改革者として自ら成してきたことを改めて読者に説得するかと思えば、翌日から三日つづけて「頭脳乱れ」「誰かこの苦を助けてくれるものはあるまいか」と繰り返し、同情を求める。つねに読者からの声を期待し、母と妹に優しい看護を求めるなど、甘えと、支えと声援への期待は、子規の生のスタイルであった。病状と歩調を合わせて日を逐って我儘は昂じ気分に流されていく。

後半、盛夏になって気分はさらに不安定となってくる。「病気になつてから既に七年にもなる」

が、「死生の問題は（略）一旦あきらめてしまへば直に解決されてしまふ。それよりも直接に病人の苦楽に関係する問題は家庭の問題である。介抱の問題である」と、妹の看護のありかたに苦情を呈し、延々四回にわたって女子の教育、とくに家庭教育論を展開する。病気への甘えも人間の生を変えてゆく。そういう荒んだ心身状態のなか、「このごろはモルヒネを飲んでから写生をやるのが何よりの楽しみ」といい、「草花の一枝を枕元に置いて、それを正直に写生して居ると、造化の秘密が段々分つて来るやうな気がする」（八月七、八日）と、画帖を見、写生することに救いを見出しもする。人への甘えに通じる造化への甘えである。

喜怒哀楽を日々の話題に重ねて発散するうちに『病牀六尺』が百回に満ちた（八月二十日）。「百日といふ長い月日を経過した嬉しさ」を自ら祝い、半年余の先には梅花を見ることができるかと期待する。その晴れやかな気分を持続するように、草花帖や菓物帖の写生を語り、略画俳画を論じ、俳句誌「ホトトギス」への思いをこめて俳句を語り指導していく。しかし九月に入ると「頭の中がマルデ空虚になつたやうな心持で、眼をあけて居る事さへ出来難くな」り（九月一日）、「見るもの聞くもの悉く癪にさは」り、「皆我をじらすの種」となり、「我痩足の先俄かに腫れ上り」激痛耐えがたく、文章も二、三行となっていく。そして九月十七日、『病牀六尺』が短い文のつづくのを心配する来信のことを書きとめて連載は終った。死の二日前である。

七年に及ぶ病気との共存・闘いが子規の生の実相で、『墨汁一滴』と『病牀六尺』は病者として生きるその生の凝縮表現である。身辺を見、社会を見るのも病む者の目と心であり、病む自分を呰として万事を見、考え、書いた。そして社会も仲間・門人も読者も、病む人間として子規を見、接した。書く者と読む者互いに状況を知る間で交わされる発信と応答、知人仲間や読者と書き手の小さなコミュニケーション空間が子規の生を支え、質を決めた。枕頭の看護者も新聞の読者も等しく子規を支援し、子規も支援を楽しみつつそれに応えた。それが小サロンのような生空間をつくり、生の質となった。つねに親しい目で見守られてきた子規の生涯は外からの目には充実したウェルビーイングと映った。

◆クオリティ・オブ・ライフとは

兆民と子規、期間の長短の違いはあっても、ともに晩年死と向き合って生きた。二人は生きる意味をどこに見、何が生を支えていたかを見てきた。クオリティ・オブ・ライフを当事者はどう見つめ、かつ外部はどう見つめていたか、も読み解こうとしてきた。ここで改めてクオリティ・オブ・ライフとは何かを二人の事例を念頭に整理しておこう。

クオリティ・オブ・ライフというとき、ライフとは何をさすか。まず①人間の生の営みの基本となる日々のくらし、生活である。私的な場での私的な生活の総体、私人としての生命維持の営みであり、その時間の集積たる人生である。ついで②私人のおかれている交友圏や生活圏を含む公的な場での公的な生の営みである。社会内に位置を占めて生きる公人、公器としての生の総体である。③は私人として生命を維持してきた時間的集積、人生と、社会内存在として時代と社会のなかに生存を刻してきた軌跡、この二つを統合したもの、私人・公人として辿りついた生涯の総体と、それに対する自らの認識すなわち境地、境涯である。最晩年に辿りついた境地、老境とか心境とか称してその人の生涯を集約したものである。緒論で生きることを①その人生、②歴史的社会的生、③境涯、としたものと照応する。そして辞世はそういう境地・境涯にあって表明され、全生涯のサマリーのように読まれた。

クオリティ・オブ・ライフは見る立場によっても違いが生じる。基本の差異は当事者の認識と外部の認識である。子規の惨酷なまでの病床生活を外部から判断すれば、その日々の生活も、生命の様態も惨鼻を極め、その生の質を問うことは失敬ですらある。しかし子規当人は排尿排便も人手に頼りながらも、大いに食べ、注文をつけ、身体の痛苦を訴える以外、日常の営み、生活の質を嘆くことはない。子規にとっては生活する、くらすということは病床という場にあって殆ど意味をもたず、公的生活、とくに俳句短歌界内での存在のありかたに生の質を賭するところがあった。外部の目も生活や人生よりも、歴史的社会的存在としての子規に生の質を見つづけてきた。生活を重ねる私事としての人生の質、歴史的社会的存在・公器としての生の質、そして辿りついた境地の質、これら三つのライフの質は内外視点を異にすることで評価は違い、とりわけ最晩年、死に向かうときの境地とその読みかたによって生の質は大きく評価・判断・意味を変える。子規の辞世三句を子規個人の死に向かう日常性とみるか、俳句の質から公的表現としてみるか、それによって辞世の意味・評価は異なってくるであろう。これら三つのライフの視点から改めて兆民・子規にとっての生を整理しておこう。ライフの点検はおのずからウェルビーイングとは何か、の解ともなるはずである。

◆兆民にとってのクオリティ・オブ・ライフ

一年半の余命と宣告を受けるまで、兆民が日々の営み、人生としてやってきたことは、ささやかな私人、家庭人を背後に、公器を利用しての公人としての思想表明、政治批判、社会運動画策であった。「世界との交際」こそが兆民の生を生たらしめるものであった。それは死の告知後も変らなかった。兆民は告知以降、一年半をつねに念頭に入れて生きるが、一年半を単なる物理的生理的時間と考えず、自らの行業如何で「寿命の豊作」はもたらされるとし、「一年半は悠久なり」と新たな覚悟のもとに生きようと構える。生を豊かにするもの、「日々楽しみとする所」は「世界との交際」を継続することであった。私人としての楽しみである諸芸への親炙とは別に、公人としての楽しみはつねに世界に向けられていた。より集約的に世界との交際を密にすることが生きる意味、生き甲斐となった。その交際の記録が『一年有半』という遺稿となった。遺稿は社会へ、同志への遺言であり、病んでなお社会的存在たろうと遺稿を通じての社会参加であった。

『一年有半』において自他に対しなすべきこと、言い遺すべきことを表明したあと、兆民は東京に戻った。社会や世界との交際は整理し了え、同時代をともに生きた芸の人びとを称えて自ら楽しみとするところに落着いた。私人・公人双方ともにその生を確認し自得した。あとは現実世界との交際を離れ思想・学問の構築という作業が残った。無神論者にして霊魂よりも実在する物を重視する立場から、多く学んできた西洋思想と血肉化した漢学の下地の上に、ナカエニスムを遺言して、後人にその展開を託した。『続一年有半』である。『一年有半』では自他の辿りついた現実世界における境地に立って現実への処方を後世に託し、『続一年有半』では温めてきた学問・思想の最終構想をレジュメで展開し、空理空論でなく未来に実を結ぶ実践哲学としてのナカエニスムを後世に託した。前者が現実との公人としての（ときに私人の面も添えての）対話であれば、後者は歴史的社会的存在の自覚に立つ未来への遺言であり、現実世界のなかでの物静かな境地を踏まえての知的世界内の厳しい境地の表明であった。そして両者相俟って、現実世界で闘うもの、知的世界で闘うものへの辞世となった。

兆民は闘いにあけくれた。一年半という宣告のあとは病いとも闘った。つねに私を錬達しつつ公器として生きることをスタイルとしてきた兆民に老境とか老いの境地というものは似つかわしくなかった。無神無霊魂論者に悟達の境など無縁、理想を掲げ日々筆闘を続けるなかにこそ兆民の自足し満足しうる境地があった。私を存分に生かすことが即ち公器たる人間の本務であり、公器として生きることが歴史や社会に責務を果たすことであり、その充実した実践こそが人生の到達すべき境地となった。私人兆民は公人兆民として理想に殉じ、国家や社会に楯つき続けることが公益となった。献体も公への殉死であった。直弟子幸徳秋水が「先生は（略）主義の人也、理想の人也。此主義果して行はれたる乎、此理想果して現ぜられたる乎」と嘆じたように、兆民は主義と理想に殉じたのである。

一年半の執行猶予中、兆民は闘病意識はもたず、病いを彼と呼び、彼も一年半、『一年有半』を日々執筆する我も一年半の生命として、彼と我、併走しつづけた。闘う相手は病いではなく、社会、現実、世界であった。闘病は私闘、筆闘は公闘である。兆民は私にこだわらず、つねに社会や世界に自らを開き、既成の思想にも宗教にも慣行にもとらわれることを拒んできた。自ら構築したナカエニスムをもって現実と闘い、未来に向け闘った。私闘でない闘いは実践面でも思想面でもいつも外部に開かれており、死体をも公に献ずる無執着の開かれた境地こそ、兆民が自得した生の質であり、自ら培い納得しえたウェルビーイングであった。社会や時代に向けて已れを献じて闘うこと、歴史的社会的生の完遂がおのずからウェルビーイングとなった。日本人が好んできた静かな人生の境地でなく、闘いに裏打ちされた無私の境地である。

◆子規にとってのクオリティ・オブ・ライフ

子規の生の場は六尺の病床であった。そこでの営みは生活や人生ではありえず、日々認《したた》める小文章だけが社会内存在を保証してくれる生き甲斐であった。その文章はしかし兆民のような遺稿・辞世ではなく、世界との交際というより仲間への呼びかけであり、公器上に文章が載っているのを見ることが日々の生の確認であった。日々の思いを発表することは生のリズムとなり、読者、社会もそれを期待し、励ましもする。互いに知り合ったもののコミュニケーションが生の楽しみであり、生の日々のあかしであれば、日々が大事であって、生涯を整理するどころか、成熟への思いも、境地という生涯の質へのこだわりも乏しかった。

つながりやコミュニケーションを病む人間は強く求める。つながりは同志や門人など関心を共有する小世界でより安心でき充実感もあった。病者子規の枕辺にはつねに親しい客人が侍っており、句会や輪講会、短歌会や合評会が行われた。語り、論じ、食べ、つくり、笑い、親しみ合う時空間がいつも枕頭に演じられ、互いに呼びかけ応え合う関係が営まれた。それが生の場であり、生の実演であった。子規のもつ軽いあそびごころと物語好き、趣向好みも手伝って、生の場、病床は心の交流、ときに師弟の交歓の場となった。紙面でもあそびごころがサービス心を呼び、軽さや笑いで読者と親しいつながり、交歓を生んだ。社会や現実そのものでなく、身辺のサークル、紙面でつくるサークルこそ子規が生きてあることを噛みしめえた時空間であった。そういうサークルが支えであれば、死苦からの救済に宗教は無用で、禅の悟りも死の悟りでなく平常の行業のこととされた。ひととひととのつながりにこそ生が保証され、宗教による安心は識閾《しきいき》外にあった。近づく者応答する者すべてを仲間とし同志と見ようとする小さな社会に、子規の生感覚、社会感覚があり、そこに生の意味と質を見出そうとした。俳句や短歌では、人生を賭した対象だけに、それらの小世界にあって、仲間意識よりも総師意識、リーダー気分が頭をもたげるが、それも指導者としての責任の現れであり、小社会内のコミュニケーションこそ生きる意味であり、小社会こそが納得できる生存の時空間であった。呼びかけとそれへの応答という人間関係の原形が、現実に社会的生を実践しえない子規に生を生たらしめたのである。

同じく文章によって呼びかけても、兆民と子規は大きく異なる。兆民は私人をおさえてつねに世界と交際し、世界の現在と未来の変革を夢見、子規は私人、病人であることを表に出して小さな親密社会に働きかけ、小分野ながら同じく変革を呼びかけつづけた。自覚する生の質もそれぞれ異にし、片や歴史的社会的生の充実を生の質とし、片や私の充実、私のとりしきる小世界の充実を生の質として生きた。人生と社会への姿勢の差異に基づくものである。それを端的に語る文章がある。

「(略)居士(兆民)は咽喉に穴一つあき候由吾等は腹背中臀といはず蜂の巣の如く穴あき申候。一年有半の期限も大概は似より候ことと存候。乍併《しかしながら》居士はまだ美といふ事少しも分らずそれだけ吾等に劣り可申候、理が分ればあきらめつき可申美が分れば楽み出来可申候、杏を買ふて来て細君と共に食ふは楽みに相違なけれどもどこかに一点の理がひそみ居候、焼くが如き昼の暑さ去りて夕顔の花の白きに夕風そよぐ処何の理窟か候べき。」(仰臥漫録)

この批評は『一年有半』を読まず、新聞評だけから下したものである。のち「日本」に三回にわたって「命のあまり」と題して批判をつづけ、「平凡浅薄」と切り捨てた。内容に立ち入っての批評は全くなく、「病気の上に於ては予の方が慥に先輩で」、病苦の間の経験も予に及ぶものはないという立場からの論断である。兆民がどういう立場で、誰に向かって、何を遺稿としようとしているか、それを読むことなく、兆民を理だけのひと、自分を理も美もわきまえた人間として、感情むき出しの論難である。身辺と仲間の小世界に跼蹐している子規に、兆民がつねに交際を継続しようとした埧実世界は眼中に入らず、同時代に向けての遺稿・辞世として『一年有半』を丹念に味読するゆとりも度量もなかった。浜寺の夕べの逍遥を理とし、世界と渡り合う人間のひとときの慰安を解しない子規こそ「平凡浅薄」である。公世界の認識とそれとの関わりの両者の決定的な落差による批評である。日本の現実社会と最前線で直接に向き合ってきた者の社会への遺稿・辞世に、現実社会を遮断して小社会に生きる子規は素直に耳を傾けなかった。甘えと自惚れと小児性をそこに見ることもできる。『一年有半』『続一年有半』という社会と未来に向けての遺稿・辞世と、日々生の証しとして綴ってきた文章の途切れた二日後、支えられた画板に最後の力をふりしぼって記した「糸瓜咲て痰のつまりし佛かな」以下三句、自らの姿と状態に自愛の目を注ぐ辞世と、そのちがいは両者の生きかたの差、そして生の質の差でもあった。

現実世界の腐敗堕落に抗して理想を追いつづけた実践的思想家兆民の生は、個の十全な発散として充実していたし、社会的公器の自覚の下、社会の現場に参画しつづけ「世界と批判的に交際」を継続してきた歴史的社会的生も、同時代にあって自覚性において卓越したものであった。そして死の宣告の後は、過去の実績に立って現実を批判し、未来への道を思索する実践的遺稿と、自らの立場を後進への導きとして闡明《せんめい》にする思想的遺稿と、二つの辞世で生涯を締めくくった。理想的現実主義者、実践的理想主義者、それが私よりも公に重きをおいて生きた兆民の実像であり、その生はいかにも実像にふさわしく、壮士の面影をとどめるウエルビーイングであった。

子規にとって日常的生、人生の質は貧しく、また豊かにする方策もなく、狭いながら文学界の革新者・領導者として、公の場ではその歴史的社会的生は自他ともに納得できるものとなった。しかし心境・境地は日々文章を積み重ねても成熟せず、兆民批判に見るように、視野も心も大成していくことはなかった。辞世三句にも読みとれるように、つねに私人に帰り、私事に回帰するのが子規の究極境であった。己れを恃むことを建前とした自己陶酔的生が子規にとってウェルビーイングであった。「痰のつまりし佛」という燃焼しきれない自画像を強引に自他ともに容認する、そんなところに子規の思い見る生の質があった。

三つのライフが円熟形で総合される生、高揚したクオリティ・オブ・ライフ、どこにウェイトをおくかによって各々のウェルビーイングは生成してくる。西田幾多郎と中江兆民が呼応し、子規の生がちがった面から見えてくる。

あそぶ・あそばせる
——凹型人生知のすすめ

◆変わりゆく近現代のあそび

あそびこそ、その自主自発性において、人間の生の根源にあるもの、人間精神を形成し、文化を生成するものであるとして、J・ホイジンガは大著『ホモ・ルーデンス』（原著一九三八：高橋英夫訳、中央公論社、一九六三）で人類史におけるその意味と位置の大転換を試みた。しかし近代以降の合理性や効率性、経済性などの席巻による「まじめ」志向、労働や勤勉、成果主義などによる「まじめ」偏向が先進国を覆うにつれて、あそびは衰退し、健全な文化の危機が憂慮されるに至った。ホイジンガが文化史としてあそびを位置づけ、そのため広義のあそびとはいえ狭義のあそびにとらわれがちであったのに対し、それを社会学的な視野のなかにとり込みながら批判的に展開させたのが、文学者にして社会学者、美学者でもあるフランスのR・カイヨワの『遊びと人間』（原著一九五八：多田道太郎・塚崎幹夫訳、講談社学術文庫、一九九〇）で、「『ホモ・ルーデンス』の見事な分析のあとを受けつぐものである」と自負する著作である。カイヨワはホイジンガを継承しつつ、さらにあそびを意味づけてゆく。

「このような（あそびにおいては勝敗にきれいでなければならない、など、あそびの特性――引用者要約）一歩退いた態度、自分の行動に対する自制で最後を飾ること、これが遊びの法なのだ。現実を遊びと心得ること、吝嗇や羨望や憎悪をたじろがせる鷹揚な態度が一歩一歩地点を占めてゆくこと、これが文明の振舞いというものだ」と、あそびを擁護しつつ、かつ、あそびは労働や科学のように結果を資本蓄積することなく、日常の困難から目をそらし、それを「非現実化」するなど、欠陥も危険性も有すると指摘し、その上で、あそびの欠陥はあそびの本性に由来するもので、「もしこの欠陥がなければ、遊びは豊かな創造性をも同時に失ってしまうであろう」と、あそびの本性を説く。

「文明の振舞い」といい、「遊びの本性」という。そのあそびとはどんな行為で、その社会的な意味はどこにあるのか。よく知られているようにカイヨワはあそびを四つの機能、(1)アゴン（競争）、(2)アレア（運）、(3)ミミクリ（模擬）、(4)イリンクス（眩暈）に区分して考察する。そして、四つの機能の相互関係、あそぶ人間の自我や意志などの意識状態、さらには時代による世俗化や社会のあそび観の変容、社会体制の変化によるあそびそのものの変質に鋭い分析を加えてゆく。たとえば文明の進展につれてイリンクスとミミクリは軽視され衰微していったとする。しかし心身ともにのめり込ませるイリンクス、ミミクリの力は根強く、ライブやロックミュージック、カーニバルや集団熱狂、デモやテロ、宝くじやマネーゲーム、さらにはファシズムや極右活動など、時代や地域をこえて噴出する。また現代では四機能とも変質し、アゴンもオリンピックやサッカーワールドカップに見るように見世物化して、競争と市場原理によってスター、モードづくりと化しつつある。カイヨワがあそびを定義づけた(1) 自由な活動、(2) 隔離された場所、(3) 未確定性、(4) 非生産的活動、(5) 規則のある活動、(6) 虚構性、そのいずれもが商業主義に汚染され、あそびは功利的、合目的的、打算的、さらには日常実利的なものへと変質してしまった。本来あそびは普遍的なものであった。「遊びの安定性はいちじるしい。国家や制度は消滅しても、遊びは同じ規則を持ち、時には同じ道具さえ持ちながら続いてゆく。それはまず、遊びが重要ではないからであり、そしてつまらないものに特有の恒常性を、遊びが帯びているからである。」そんなあそびが経済効果をもつ実体的行動として意味づけられて、あそび本来の無償性、非日常性、無意味性を剥奪されていったのが、あそびの現代状況である。

では、あそびをどう本来のものへと再稼働させるか。ホイジンガはあそびに聖性を期待したが、世俗化時代には無力であった。カイヨワは、ホイジンガの聖性とあそびとの関係を、この俗な現実そのものをとり込んで、聖と俗とあそびの三つの関係で捉え直し、あそび機能の現実内での賦活を試みる。人間が生を営む上での三項、聖－俗－あそびにおいて、俗から聖への移行では緊張や不安、慰藉や解脱、集合的同調などを体験し、俗からあそびへの移行では興奮や熱狂、自由や解放、慰安や忘我などを体験し、個の心身はもちろん共同体や集団、社会のエネルギーの刷新や賦活や慰撫となった。あそびは、意図的、非計画的を問わず、社会性をもち、その有する社会力学、文化力学によって、人間を、社会を、自由へ、解放へ、逸脱や解脱へと誘導していくのである。そこにこそあそび本有の力と意味があった。カイヨワはあそびと聖なるものとの関係について言う。

「遊び、しかも束縛されない遊びがなければ、また意識的につくられ、自発的に尊重される約束ごとがなければ、文明というものは存在しない。邪心がなく、勝利におごらず、負けても怨まず、つまり、〔立派な遊戯者〕としてフェアに勝負を行なうこと、もしこういうことができず、望みもしなければ、文化というものはありえないのである。……もし、集団や個人の利害を超える聖なるものの支配が存在しなければ、すべて創造的な営為の条件であるところの倫理や、相互信頼や、他者の尊重はありえないのである。」

余談ながら、文化とは無縁の日本の現首相や内閣などに煎じて飲ませたい台詞である。カイヨワはホイジンガを超えて、俗（現実）をあそびと聖の間にとり込み、あそびの機能と意味の社会的拡張を強調したが、四機能区分に見るように依然、狭義のあそびに拘束されるところがあった。あそびの本質を人間生存の場で的確に衝きながらも、すでにあそびそのものが時代の市場主義などによる俗化に蹂躙され力を剥奪されてしまっていた。そこで、競争や運や模擬などのあそびを実人生のなかの行為に見出そうとする視点も生じてくる。社会内における人間行為、現実の営為そのものにあそびを見ようとする動きも現れる。社会学者G・ジンメルの人間関係そのものをあそびと捉える社交論や、A・ゴッフマンの行為＝演技論など、その例である。

精神面ではプロテスタンティズムの登場、物質面では産業革命による工業生産化以降、日常生活における人間の営為は二つの相対立するもので見られてきた。仕事とあそびという対立する二項である。仕事は人間が為さねばならないこと、退屈で楽しくないこと、しかし社会的に容認されてきたことである。仕事ではまじめや真剣が美徳とされ、努力、精進、勤勉が推奨され、生産や蓄積や進歩発展が目標・成果で、仕事に付随するそういう意識や態度、結果が社会の正常態とされてきた。一方、あそびは余計なこと、してもしなくてもよいこと、個人的な営みと見下げられ、社会や世間に対し罪悪感を覚え、疚しいものと意識されてきた。近年でこそ余暇や余裕、ゆとりと見られもするが、あそびは近代以降、ずっとなまけやだらしなさ、ひまや空虚、不精やむだ、ロスなどと貶められてきた。秩序に対する混沌、まじめに対するふざけ、勤勉に対する横着があそびを見る目であり、あそびは現実社会では、プロテスタンティズム以降、資本主義体制下では無益、無用、余計な介在物と蔑まれてきた。まじめな仕事と相対比して見られてきたそんなあそびの復権を試みたのがホイジンガ以下の多くの考察であったが、しかし経済優先社会では彼らの本意とするあそびの復権は成らず、社会のゲーム化、競合化につれてあそびも商品化され、ますます変質を余儀なくされてきた。それにつれ社会の価値観の地殻変動を起こした高度経済成長下では、あそび論も根本から変調を強いられざるをえなかった。あそびを狭い遊戯から解放、拡張し、現実のなか、日常の行為や振舞いのなかにあそび、あるいはあそび同様の意味を見ようとする動きである。あそびは仕事と相対立するものでなく、仕事のなかにもあり、あそびを日常から離脱隔絶した行為、現実とは別の時空間での営みとする従来の考えをのり超え、現実の仕事や営みのなかにあそびがあるとするのである。その際立った例がM・チクセントミハイの研究『楽しむということ』（原題 *Beyond Boredom and Anxiety*、一九七五：今村浩明訳、思索社、一九九一）である。

◆日常の充実・日常のなかの楽しみ

カイヨワは俗との関わりであそびの意味と有効性を説いた。チクセントミハイはそれに対し、あそびは仕事と相対立するものではないとして、俗中、俗の営みそのもののなかにあそび同様の意味と効力をもつものを見ようとする。チクセントミハイは仕事とあそびという二項対比を排して、まず、楽しいということ、楽しむということは、どういうことかを調査・分析する。調査から、楽しいとは、没頭・没入の状態にあること、無心夢中の没我の境にあること、と抽出する。禅でいう三昧《ざんまい》の境である。そして人間がいきいきとしているとはどういうことか、を考える。いきいきとしているとは、個人、集団、社会に活気があり、それぞれが健康健全な状態である、とする。活気がありいきいきしている状態は楽しい状態であり、自分の行為や営みに夢中になってのめり込んでいるときである。そういう行為は他から強制されず指示されず、自発的内発的であり、自己目的的である。すなわち、あそびである。あそびは自己目的的内発的行為であり、他から強制も指示もされない。あそびのなかに自己解放があり、日常の約束事や拘束からの解放・離脱もあり、参加も中止も自由で、忘我の境に入れるあそびに三昧境が体験される。チクセントミハイはあそびのなかで体験する没入感、全人的に行為にのめり込んでいる時に感じる包括的感覚を、「フロー（flow）」と呼び、楽しいとき、いきいきしているときの没頭状態をフロー状態とした。

フローはもちろん、ロッククライミングのような心身集中のスポーツや日常を遮断したあそびに体感されるが、チクセントミハイはフローをあそび以外のところ、現実や日常生活のなかにもあるとし、フロー感覚を拡張して、あそびによって体験されるものと同じ感覚を実生活、実社会の営みのなかに探った。フロー感覚によって人間は生の充実感、自己の実現感を自覚する。フローは、あそび以外に、無我夢中になって没入する仕事や研究、創作活動などからも体験しえた。仕事や日常とは別時空でのあそびからだけ自己解放や充実をはかるのではなく、人生の充実は仕事や日常の営みなどこの現実のなかにこそ見いだされねばならないとして、そこからチクセントミハイはあそびの枠を超えて、退屈や不安や倦怠を超えるものとして、フロー感覚を誘発してくれるものを追求してゆく。仕事中毒、モーレツ社員、没我的幻覚的創作など、フローが生成するものに危険はつきまとうが、フローは人間が生きてゆく上で、また集団や社会の協働する営みにおいて、それらを充実させ、円滑化し、活性化する不可欠のものである。あそびの実生活内への解放であり、あそび観の変容である。

フローを経験させる楽しい行為とは、個人の身体的、感覚的、知的な技能を伴うもの、自分の行為を統御しているという気分をもたらすもの、他者のなかにあって他者にとらわれず、かつ他者の参加、他者の承認を得るもの、創造的な気づきや発見を伴うもの、現実や日常にあってそれを超え忘れさせるもの、である。つまり主体的選択的行為、自己目的的活動である。フローとは、行為と意識とが融合し、自己忘却のなかに個の超越があり、世界との融合があり、自己目的的で、それ自体以外に他に目的や報酬を必要としない、自足的小宇宙感覚である。

◆フローとマイクロフロー

ひとはなぜフローを必要とするのか。実体的な報酬を生まないにもかかわらず、フローを生じる楽しい行為になぜ惹かれるのか。生の場としての現実は利害・競合がつきまとい、打算・欲望で意図的に自衛していかねばならず、そこでは自分の行為に対して合理的報酬は当然のこととして要求しうる。ものや金銭、人間や世間などとの関係は不可避で、関係のよしあしを問わず、関係の連鎖・束縛に身を処するのが現実の生である。当然そこには不安不満が沈澱し、原著の書名に言うように倦怠や退屈は常態である。それら不本意な心身状態は生活習慣病、慢性病と化しがちである。しかしそういう現実からの完全離脱は、生きつづける以上、不可である。ならば、そこからのひとときの解放、脱出は快い処方となる。それがフローである。現実という拘束の場に居ながらにして、緊張や不安や退屈の息抜きをし、現実から脱出して心身の洗浄をする行為、それがあそびであり、とくに没入感の伴うフロー体験である。あそびは現実世界を相対化し、忘れさせ、それとは別ルールの世界へ導き、心身を解放する。この世に関係する煩わしさからのひとときの離脱が日常という慢性疾患を治癒する。あそびやスポーツ、仕事や研究など、夢中になって没入する深いフローは、カイヨワの言うイリンクスにも通じ、恍惚と超越感が没我の安心立命感をもたらす。個人では瞑想による超自我、集団では祝祭やハレ行事による酩酊感、超越的和合感など、深いフローは宗教的ともいえる脱俗感で生活習慣病を洗浄し、個人を、集団を、社会を、刷新する。そしてひとときのフロー体験による離脱・超越から再び現実へ回帰し日常へと復帰するとき、現実も日常も新たな相貌、新鮮な装いで出迎えてくれる。

かつて庶民の知恵では、ケ（日常）が続けば、ケが元気を失いカ（枯）レ、ケガレとなるとした。ケガレが続くのは個人でも共同体でも倦怠であり病いである。ケガレを払拭するには、神事や祭り、どんちゃん騒ぎやはめはずしなど、思い切ったハレがましい行為しかない。現実のケではしないこと、ハレを演じてケ・ガレを祓い、ケに戻すのである。再帰したケはハレ効果（フロー）によって新鮮である。あそびや祭祀による日常離脱、現実の一時的解体は、個人の健康にも、集団や共同体の健常維持にも、なくてはならぬ営みであった。とくに集団的なフロー、互いに交歓できるフローは人間社会には不可欠の処方であった。ハレやフローによって、現実も社会もそのつど初々しい装いのもとに創出されていくのである。それが個と社会のウェルビーイング状態である。

研究や創作活動など仕事そのものが自己目的的内発行為となって深いフローを誘発し、個人だけでなく、共同作業や共同研究など協働と交流の活動においても、深いフローが人びとの協調するいきいきとした健全社会を形成し、仕事や労働を苦役としない共同体社会も可能となってくる。人間や社会を元気づけ楽しませるのは、しかし、深いフローだけではない。人間が社会を営む現実という場は地道である。地道な場で地道な営みを繰返すのが現実である。そんな日常は地道で不活発なだけに小さな不安、焦燥、無気力、沈滞などがつきまとい、個人にも社会にも障害となりがちである。そのため、ハレの演出のような大きなフローでなくとも、そのつどそれなりのフローは必要である。たとえば散歩や買物、飲酒喫煙、ＴＶやラジオ、ひとりごとや鼻歌、ムダ書きやモノいじりなど、無意味と見えることや癖、無意識のしぐさなど、日常の仕事のあいまに行っているのが、人の習性である。そんな行為にチクセントミハイは注目する。「我々が日常に行なう目立たない小さなこと……一見無用のように見える些細な行動は、実は非常に有用なものであり、おそらく日常の生活機能にとって基本的なもの」で、「これなくしては、人は環境との相互作用の調和的な状態を失ってしまう」ものである。そういう「それまで無用のもの、無意味なものとみなされていた行為は、精神の健康にとって重要な役割を持」っており、それら日常のなかの些細な行為を、先のフローに対して、マイクロフローと意味づけた。現実の場は顕在潜在さまざまの問題に満ちている。それらを生活の合理化や効率化、スムース化のために強引に整理しねじ伏せ、解決したとして先へ先へと進む。見えざるストレスが澱《おり》となって心身にまとわりついても、大きな気分転換行為で、そうたやすくは現実離脱はできない。日々の小さな疲れや不満、澱や滓《かす》をそのつど洗浄するのが、散歩や喫茶や独語や鼻歌や癖のようなしぐさ、さしたる意識もなく行う無用の行動である。ハレやスポーツやあそびによるフローに対し、無用のしぐさによるマイクロフローは、自分と周辺環境との間に折合いをつけ、気分を落着かせる生の潤滑剤である。日々の安心、心身の安定、状況との調和を、それとなくはかる生活の常備薬である。

◆健全な日常生活のための処方

マイクロフローを心身の健康に重要な役割をもつものと見るとき、楽しみを生み出すものは、競争やゲーム、祝祭や聖なることなど、狭義のあそびの枠を超え、さらに夢中になれる仕事や創作・研究活動の域を超えて、日常生活そのもののなかに存在することとなった。チクセントミハイはあそび論を展開したわけではないが、ホイジンガからカイヨワ、ジンメル、アンリオなどの論を踏まえて、没入できるあそびの効果を追究し、さらに普通の人間、普通の社会が普通の平凡な生活を営む上での知恵、生活の潤滑剤としての小さなフローを見出した。小さいが基本的な楽しみ、意図せずとも見えざる効能のある楽しみを見出した。あそばせることの気づきでもあった。

あそびは生きる上での生薬、社会の活性と健全をはかる処方、文化創造のための促進剤、よりよい生存、ウェルビーイングとその環境づくりのための常備薬である。日常のなかのマイクロフロー、小さな楽しみをあそびの範疇に入れることによって、あそびの領域は大きく拡がった。意味も位置も役割も大きく飛躍した。ハレやゲームなど演出する有形のあそびと、さまを成さない無形のあそびである。それはまた(1)積極的あそび、(2)消極的あそび、と大別して考えることもできる。積極的あそびは遊戯や聖事中心で、主体的選択的、また自己目的的行為である。意図的意識的行動である。それに対し消極的あそびは日常にあってのなにげない行為、無意識的非意図的行動である。前者が主体的積極的な能動的な「あそぶ」行為であるのに対し、後者は主体性に乏しく消極的な「あそばせる」行為である。自分で働きかけて「あそぶ」のに対し、自分を働かせず、ただ放置するかのように、「あそばせる」のである。

欧米の研究は専ら「あそぶ」に集中してなされてきた。「あそばせる」という消極性、非主体性は「あそぶ」ことの積極的意味づけ・位置づけのためには負効果であり、効率や合理性を尚ぶ文明では

「あそばせる」という一見なげやりな自主性放棄行業は顧みられることはなかった。しかし日本では、さらに古代中世の中国文明では「あそばせる」ことは「あそぶ」ことと同様に、あるいはそれ以上に有意義なものとされてきた。何もしない、無為、成るがまま、を重視し、さらには主体的であり自己主張的であるよりも、没我的であり無我、無心や忘我の境地が尊重されてきた。意図をもって事を計り事を構え事を演じるよりも、打算なく、はからいなく、自他のとらわれもなく、超然と事に対して成るように成ると諦観する境地である。自分からあそぶのではなく、心身や自己をあそばせるのである。そこにあそぶことの極意を見ようとする賢人・真人の系譜も培われた。何かに夢中になり没入没頭するかに見えて、心底では没我の境なども念慮から消えており、自他の分別、主客の詮索などを徒事とする境地こそ、あそぶこと・あそばせることの本源と見る系譜である。それが人間や社会の本然の姿であるとみたのである。禅にいう「遊戯《ゆげ》三昧」の境であり、「三昧」こそ心身をあそび・あそばせる究極境であるとしたのである。フローやマイクロフローは三昧境の通俗的現れであった。

この思想も行業も古めかしく見える。しかし、何もしないことは日本や中国では古来、あそぶ・あそばせることの基本態であった。ムキになって働かず、のらくらと日々をやり過ごす野良者、ものぐさ者を非難するどころか、日常に緊縛された働き者の通常人とは次元を異にする者、非俗の存在と見ることもあった。御伽草子の「ものぐさ太郎」「三年寝太郎」などであり、自ら努力することなくひたすら仏の夢告を無為に待ちつづけて果報を得た「わらしべ長者」も、俗塵を捨離した異種の存在であった。彼らは何もしない。自らを他者に向かって主張もしなければ、集団や社会のなかにムキになって自分を割り込ませようともしない。集団や社会のなかにぽつんと開いた隙間のような無用者であり、社会のなかに役割や位置を要求するでなく、空間のなかのすき間《ま》、時間の流れのなかの間隙のような存在である。建物づくりで棟梁が大切にする「あそび」、間隙であり、世阿弥が芸の見所とし、能において最も重視した「せぬ隙《ひま》」、所作と所作とのあいだの何もしない隙である。音曲においても、拍と拍とのあいだ、間《ま》が音曲を生かしも殺しもした。間や隙、時には空っぽや無に、至芸を見、究極の境を感じ、人間存在の安心立命の境を見出すというしなやかな伝統である。間や隙、空っぽは、主張せず、出しゃばらず、他を排除せず、集団のなかにあって邪魔でなく、自足しつつ、中空、無色なるがゆえに他を安心させる。それら見、無用無意味なものが、自他ともども各々ひっそりとあそびつつ、あそばせ合ってきたのである。無意味な些細な行動によるマイクロフローで自ら安堵しつつ、こういう間や隙というあそび的存在が自他並びに社会、そして時空間を、なごやかにフロー状態へと誘った。あそび・あそばせるということ自体が得がたい社会内存在であり、弱々しいがしたたかな存在様態だったのである。

チクセントミハイは、マイクロフローを剥奪したとき、人びとは鈍感になり、不眠や焦燥、意欲減退、気力や興味の喪失、不活発、無気力、集中力減衰などの兆候を示すという。同様に、何もしない無為、何もない間や隙、空っぽや中空が、自分から、身辺から、集団や組織から剥奪されれば、個人も組織体もぎすぎすしたものとなり、対立拮抗は昂じ、信頼や安心は失われ、障害が目立ってくる。意図的意識的あそびと同時に、いやそれ以上に、効率本位の合理主義社会では、こういう無意味な存在であるあそびこそが、目立たず主張しないだけに、真に個人にも社会にも重要なものとされてきたのである。ゲーム化社会となった今日、あそび・あそばせることが見直される好機と考えられるが、しかし、商品化したあそびは隆盛となっても、消極的あそびやあそばせるという退嬰的行為への関心は消去されたままである。今日の躁状態の社会体制のなかで間や隙など無意味とされる存在は復権しうるか。無用者は見直されうるか。自他をあそばせる悠々とした大人《たいじん》のウェルビーイングの処世こそが躁状態社会を寛解してくれる。

◆現代社会の病状とその処方

Ｊ・ボードリヤールは「労働が終わり、生産が終わり、経済が終わる」と言い、「人びとに要求されていることは、生産したり、努力に向かって自分をのりこえていくことではない（このような古典的倫理は何となく疑わしい）。要求されていることは、人びとを社会化することである」と言った（『象徴交換と死』原著一九七五：今村仁司・塚原史訳、筑摩書房、一九八二）。それから数十年を経てなお生産（ＧＮＰ）重視の経済至上主義はいよいよ病的なまでに健在であり、古典的倫理、まじめをよしとし、労働、努力、勤勉を奨め、あそびや隙や空白、無為を無意味なこと余計なものと蔑む倫理観もまかり通っている。まじめに仕事をし、役割をこなし、生産蓄積に寄与することが正道で、ムリをせず、所々に間や隙を挟み、のんびりとあそびごころで自分や社会に向かうことは邪道であり、ときには差別排除される。成長・拡大・進歩に向けて社会も人間も躁状態を加速させ、現代は時間も空間も人間関係もますます高密度高速度社会となった。そういう社会を差配するのは非情の知能、コンピューターであり、それが演出するのは操作社会である。人間の生活も社会の運営もすべて操作され、市場主義の経済体制ががっちりと組織され構造化される。操作を加速させるのが競争原理であり、ゲーム感覚である。この現実は勝負のグラウンドで、競争を煽ることで躁状態を持続慢性化し、それによって経済至上社会も価値観も補強増幅され、よりオペレーション体制はゆるぎないものとなる。高密度高速度を増強することで表層の躁現象、活気や景況をつくり出し、成長や進歩を競い合う。そこにそれに携わる人間や社会に充実がもたらされる。時間・空間・諸関係が密度高く詰まった社会でも、勤勉やまじめをよしとする二項対立の古い倫理観、ボードリヤールが疑わしいとする古典的倫理観が、今なお残る古い政治体質同様に、尾を引いているのである。

操作社会に感情や思案、ましてや逡巡や迷いは無用、邪魔である。そういう立ち止まりすら許さないのが高密度高速度の競争社会である。息苦しく詰まった生存環境のなかで、仕事にフローはなく、絶えざる競争と操作と評価に耐えられず体制や組織から脱落する者、無理にも私的生き甲斐をこしらえようとする者など、ますますヒート現象を呈する生存環境下、各々苦肉の自衛策を講じ始める。個人の、社会の、現実の病状に圧迫されながらの危機管理の模索である。自主的内発的行為もオタク的にしか為しえない管理社会にあって、危機的症状をどう克服していくか。すき間もなく意味も一義的に強要される硬い組織や体制を、間とゆとりのある軟構造、柔体制にどうずらしていくか。危機管理学は災害や非常事態への対応のためよりも、もっと身近なこと、日常に切実なものとなってきたのでである。

まずは現代の政治経済体制や社会構造をつくり上げている思想と方法、価値観をゆさぶり、弛緩させ、その意味を問い直すことである。進歩発展、成長拡大の路線は、ボードリヤールの指摘の通り、時代錯誤であり、未来への道を封殺する危険な路線、誤った方策であることを、古い倫理観で牛耳ろうとする政財界の上下に、そしてそれに従ってきた現場の人間や組織に徹底すること、価値観の洗い直しが先決である。価値観の切り替えの根幹は、仕事とあそびという二項対立的倫理の排棄である。生産の充実や成長の重視でなく、日常の充実と成熟の重視である。成熟とは何か。二項対立の考えの流れで言えば、個人も社会も世界も一義的でなく多義的に捉え、仕事とあそびを融和し、まじめとあそびを協働させ、充実とすき間を和合させるゆとりある思想、生の作法である。いま必要なのは成長でなく成熟であるならば、成熟を是とする価値意識の国民的形成が要請されているのである。

人間や社会が成熟するためには、ヒート現象に棹《さお》ささず、すべての営みを躁状態からクールへと鎮静していかねばならない。殷賑《いんしん》の景気よりも落着きの成熟である。縷述《るじゅつ》してきた「あそぶ・あそばせる」ことの意味を反芻《はんすう》し、個人も社会も、競争や勝敗でなく、互いに引き立て合い、相互に協調し、楽しく協働する作法を身につけねばならない。競争から協働へ、競合から和合へと個人も社会も切り替えて、楽しみを分かち合っていくのである。個人も社会も内部改造である。

「ドラマとしての社会」と言われて久しい（例、井上俊『遊びの中の社会学』世界思想社、一九七七）。社会のなかで互いに生を演じるソシオドラマが社会内関係的存在としての人間のありようである。まじめが絶対的価値を有しているところではイデオロギーを奉ずる神聖劇や理想を貫くシリアスドラマが多かった。宗教劇や儀礼劇の伝統を引いて悲劇はたいてい人間と社会、人間と権力との相剋葛藤のまじめドラマであった。それに対し、イデオロギーを相対化し、権威や権力と直接対決するのでなく、それらを斜に見、笑いのめそうとするドラマも、社会の下方から発想され演じられた。アイロニーで現実を笑殺し改造しようとするドラマ、喜劇である。喜劇では演じる者は自分を戯画化し、フールにし、トリックスターにして、世間や世界をクールに見つめて、世のなかの虚構、世界の偽瞞を笑った。不条理の演劇といわれるものはその一例であるが、わが国の狂言、とくに愉快なトリックスター太郎冠者狂言はソシオドラマの好例である。太郎冠者はまじめよりもあそび好きで、両者をいつもまぜっ返し、混乱のうちにちゃんと納まるところに納めてみせる。太郎冠者は上下を和合させ、正邪をかきまぜ、笑いのうちに世直しへと誘導していった。太郎冠者は間《ま》や無意味を好んだが、同時に彼自身が間《ま》的存在、世のなかのすき間的存在、無用者のトリックスターであることを自覚していた。世の価値観の根幹の変革に太郎冠者的存在、そしてそのソシオドラマは有効である。一義から多義へと軽妙に身を処するところに、おおらかな成熟が期待しうるであろう。あそびを体現し、あそびをパフォーマンスする太郎冠者的生きかたが個人や社会を楽しく成熟させる。

◆あそばせることこそ妙薬

現代はパフォーマンス社会である。みんながドラマを演じパフォーマンスする時代である。主体的に生きるのでなく操作されて生きる没主体社会にあって、ふと操作されている自分に気づき、他人行儀な自分の行業を知り、ぎっしり詰められた時空間のなかにすき間や空虚を見出したとき、ひとは、とくに若い世代は、開き直って自分劇を演じようとする。自分をこの現実の登場人物と見立て、そこで自分らしい自分を演技してみようとする。容認したくない不本意な現実を自分劇の仮舞台と見なし、自分らしい自分にメイクアップし、仮装し変身し、ひととき仮舞台で自分を発揮するのである。みんなが自分を演じたがるパフォーマンスは、生きにくい現実に対処すべく創作工夫された自衛装置である。まじめでなく、あそびで演じる自分パフォーマンスは健全である。自分を防衛するには自己演技・演出、自作自演のドラマにしかずである。パフォーマンスは自己防衛の切り札、あそびごころから生じた自己の危機管理術である。自分劇はささやかではあってもフローがあり、自己成熟への回路となりえた。パフォーマンスも、まじめよりもあそびを優先する方向転換から生まれる。

パフォーマンス社会は軽佻浮薄な素人芸をよしとする俗流テレビ文化の産物であるが、パフォーマンスそのものは、出生の母胎の不純不潔さにもかかわらず、現実社会に堂々と参画し、まじめな現実を笑いうるまでに育った。所詮この世は芝居さ、空《から》さわぎさ、というクールな自他への認識があっての成長で、はじめはささやかな自分発散の自分劇であったが、社会への健全な憤懣が社会そのものを笑殺しようとするソシオドラマとなって展開する。自分劇が個人の息抜き、小さな更生とすれば、社会喜劇は社会のなかに間《ま》や無意味や空疎などの異物を入れることで社会の息抜き、解体をひっそり進行させ、この現実なんて、という健康な思考も誘導し、現実への正しいまなざしを育てていった。自分を装い社会を変装するパフォーマンスは、それに打ち込むもののフロー体験も含め、人間や社会の硬直をゆるめる柔軟剤である。まじめな硬構造をゆるめるのは、またしてもパフォーマンスという柔かいあそびであった。余計なこと、無用なあそびの効能である。

社会のパフォーマンス化は時代が生んだ集団的症候である。そしてその症状が進行したとき、奇しくも症状の内部から産みの母胎をゆさぶり、批判し、茶化しはじめたのである。とりわけ若年世代に蔓延するパフォーマンス熱は現代社会の鬼子である。超高密度高速度化やオペレーション化、ゲーム化、市場主義と競争原理による経済至上体制なども、社会の組織や構造、情報神経系にまで食い込んだ集団的症候である。パフォーマンス社会においてパフォーマンスが産みの親たる社会を揶揄したように、それぞれの症候を治癒するには、その症状に深く冒された内部者が症候社会に批判的に働きかけるのが有効な処方かもしれない。内部告発という自衛的治療法である。操作社会にしろゲーム化社会にしろ、競争社会にしろ経済至上体制にしろ、その症候や弊害を体感しているのは、それらに翻弄され感染した内部者で、彼らこそが病いの根源を知り、からくりを知り、その盲点も知悉しているからである。しかも内部者は症状への恨みつらみ《ルサンチマン》もあり、そこから間《ま》、距離をおこうとする姿勢もある。まじめに封じ込められていただけに、そこからの脱出、あそびへの欲求は意気がよい。こりかたまった慢性症状にぽっかりと間を入れ、空白を挟み込み、無意味を介在させるという荒療治、内部告発という開き直りは、次世代に向けて現社会の構造や組織を壊して新しいものの萌芽をつくり出そうという知的あそび療法である。内部にあって基盤の症状を知った者は、存在自体が内部における間《ま》、すき間、余計な介在物、無用者と化し、間的存在であるゆえにクールにものが見え、的確に対応しうる。症状に気づいた内部者は、間をおき距離をおいて事態に接するあそびの達者、太郎冠者のようなトリックスターである。太郎冠者は自ら生きている社会と時代の病弊に気づいた内部告発者であった。現代の諸症状への処方は、目覚めた内部者が窮屈なまじめに代わる緩やかなあそびで対処していくところにこそ可能性がある。病気は当事者責任で処理しなければならず、まじめな仕事や成長志向の古典的倫理の生んだ症候には、そこから産まれた鬼子、あそびやフローだけが有効である。

◆「あそぶ・あそばせる」の治癒力

すべてを意味づけし意味のあること・もので固めるのが正常とされる現代社会である。意味のないこと・ものは認めず排除するのがまじめ社会とされてきた。まじめ社会は仕事、労働、勤勉、生産、進歩成長、充実を是とし、あそび、間、隙、空白、不精、不労、余裕などマイクロフローを誘発するようなことを意味のないものと貶めてきた。意味、意味、意味、この世に存在するもの、場所を得るものはみな意味を要求され、意味なしには存在を許さないのがまじめ社会の通則である。意味を追いつづけたところに、ものにも人間にも時間や空間にもすべて意味をつける市場原理の近現代社会が促進されてきた。意味の拘束は息苦しく、正常は常に固苦しく窮屈で不自由であった。しかもその意味は上層部のつくった意味であった。そこにそれへの反発、離反が起こってくる。意味を潰し、からっと空《から》っぽの無意味、何も期待できず何もない無意味こそ、この作為的な意味を笑殺するものだとする謀反が、意味漬《づ》けの社会のなかから内部告発のように起こる。意味という不自由不自然なものからそろそろ解放されたいという内発的な衝動、マイクロフローのような自然な発露である。

意味は恒常的でなく時空を異にすれば根拠を失い、意味は剥落していく。意味は文化同様につねに相対的である。まじめや正常というものも同様である。正常とされる社会など安定して持続しえず、それらはその時、その社会を差配しようとする者の恣意的な意味づけに過ぎず、地域や国により時代や社会によって異なる。それに対し、あそび、無意味は、ホイジンガも言うように時間や場所を超えて安定しており、普遍的である。原理的である。ときの権力や社会体制が変わり潰れても遊戯ルールは変わらず共有されるように、何もしないことやあそび、何もない間《ま》や空っぽ、空虚、無用はほぼ恒常的に無意味なままである。それに対し政治的経済的欲望から生じる意味は不安定で、そういう恣意的な意味にとり憑かれて物事を理解し行動するのが現代の功利体制で、それが正常とされる社会である。そこに硬い関係の殻は構築されても、内部はゆとりなく、ゆらぎなく、息詰まる管理時空である。その内部から、あそびやゆらぎ、すき間や空虚を求めての生体感覚溢れる真率な欲求が生じてくる。経済的政治的世俗的欲望によってつくられた意味に抗する生《なま》の内発的自主的な欲望である。まじめや正常という旧倫理に対するホメオスタシスとしてのあそび、無意味の生成である。そこにフローやマイクロフローを求めての自然体の行動が生まれてくる。間や空虚というあそび、無意味、ナンセンス志向が世界を生気づける。あそびやナンセンスは健全健常のための生体保全術である。

現代は遊戯化社会である。経済も政治も国際問題も、さらには教育や研究創作活動も、悉《ことごと》くゲーム化し、競合やかけ引き、出し抜きが競われる。ゲームという操作活動が情報をつくり価値や意味をもつくり出す。遊戯やゲームにはルールがある。しかし政治や経済などのルールは、あそびのルールとちがい、偏利的恣意的である。そういう偏向した欲望によってつくられたルールでなく、あそびのルールのように誰のためのものでもなく時空を超えて共有できるのが本来のルールで、そういう汎ルールによってこそ、あそびの力を気づかせ、偏利偏向の政治経済ルールを匡正し、脱線する遊戯化社会の進展を喰い止めることが可能である。遊戯化社会を浄化するのも、遊戯化社会に巻き込まれ傷ついた者、すなわち遊戯化社会の魂胆と方法を知る内部者で、ホイジンガやカイヨワがルールが踏みにじるられる暗い時代のなかであそびルールの復権を願ったように、彼らが欲望に汚れた現実を健常化へと導く道をさし示しうるはずである。

求められているのは表層の豊かさや成果ではない。生きる楽しさ、フロー、生きてある実感、生き甲斐、すなわちウェルビーイングである。偏ったルールによる社会、そこでの生は不安定で、そこに楽しさは生じない。みんなで楽しめ協働できるルールを通して楽しみは生み出される。ルールは共有されて汎ルールとなる。ぎっしりと詰まった重苦しい生環境のなかで擬似ルールによる生を演じるのでなく、共有できる汎ルールの下、軽快洒脱、身軽なフットワークで生を楽しむことが、ささやかだが本来の、しかも日常的現実的な願いである。互いに競合し争うのではなく、共有のルールに則った協調と共同の営みのなかに形成されること・もの、それがフローであり、楽しみであり、生き甲斐である。コムペティションでなく、協働できるルールの下、コオペレーションを優先する環境のなかにこそ、豊かな生の実感、生き甲斐、ウェルビーイングが生成してくる。

現代、生の質、社会の質の判断はむずかしい。何をもって生の充実、社会の充実、豊かさとするか。先述のように進歩成長、発展拡大を是としてきた近現代の先進社会では、個人もそういう社会の価値観にふさわしく馴致され、管理にも強制にも拘束にも耐えてきた。その補償補填としての物質的豊かさであり、それによって生の質は量られた。そしていま先進社会では物資は過飽和状態を呈し、高度消費社会となった。消費は仕事となった。消費を煽る躁社会は格差を増幅させ、歪んだ躁社会の内部から、虚妄の豊かさに耐えられず、そこからの解放、離脱を求める声が呻きのように上がり始めた。偏向した充実や虚栄の豊かさを否定し、それに代わって、持たざること、空白、空っぽ、間、ナンセンスを求める動きである。歪んだ社会において場所を得、拘束され、役割づけされることへの嫌悪から、曳かれ者の小唄めいてはいるが、自分の無化、社会内の「間《ま》」的存在化、浮遊するノマド的存在化への切り替えである。そういう「間」人間、社会的意味にとらわれない浮遊人や畸人が、管理社会にあって、社会の意味や質を相対化し、社会の擬似充実を内部から糾問する。とらわれのない人間に生の質、社会の質がリアルに見えてくる。

自分の生の質は自分で納得するしかない。それでも、自由であること、とらわれていないこと、いろいろなもの・ことから解放されていること、しかも自閉せず開かれていること、これが多くのひとの望むところであろう。自分を自由にし解放せずして自分はない。自分を自在にあそび・あそばせることが悔いのない自分の充実と豊かさである。気がねなく自由自在に、そして、自他にとらわれず、自他協調和合して在ること、遊戯三昧の境である。そして社会もまた同じである。社会は個人を位置づけ役割づけ封じ込める場ではないし、個人同様、それ自体閉じた時空ではない。個人が分子運動のように自由自在に浮遊しつつ、相互に関係し離合し、時空間を共有しつつ時空間を共同のものとして演出し持続させてゆくところに生成・変容してゆくものである。社会にも個人同様、無意味な間や隙、空白、空虚など自由なあそびが必要で、それがなければ硬直し、停滞し、凝固してゆく。それぞれの存在に軽快なフットワークをさせる度量の広さ、見識のおおらかさをもつ社会が開かれた正常健常社会であり、そこに社会の質、充実と豊かさがある。このように生の質、社会の質は、自らをあそばせ、自他協調してあそび、互いに仕事や労働やあそびにコオペレートする自作・自助的営みにあって形成されるものである。集団内・社会内に存在するものが、それぞれ自由な立場で相互協働するとき、共有できる意味をもつ創造的作業が生まれ、フローや楽しみが共有され、集団や社会に互いに開かれた共通の創造的時空間が展開する。それが集団や社会の充実、豊かさであり、そこに自由に参加することで社会内に開かれた個人の充実、豊かさも加味されてゆく。

◆凹型社会の凹型生きかたへ

競合ではなく、協働が個人、集団、社会の質を変容してゆく。それぞれの存在の意味をも変改してゆく。しかし協働は往々にして摩擦を生じ障害ともなる。人間が社会内関係的存在である以上、関係するところに軋轢、拮抗、対立はつきものである。それを回避するには関係を淡く薄くすることである。ひところもてはやされた「絆《きずな》」は危険である。絆は「ほだし」となり、人やものを緊縛する。拘束する。自在に浮遊する分子のように淡い関係こそが社会内に在る作法である。淡い関係は存在するものの間に「間《ま》」を入れること、隙間や空白、無意味を入れることである。互いに「距離」を置くことである。あるいは「間」的存在となることである。そして、あそびは存在するもののあいだに、社会内に「間」を入れ、ゆとりを入れ、つかず離れずの距離を置く行為である。あそびが協働の営みの質を決めた。

「遊びは何よりもまず、遊び手とその遊びとのあいだに存在する遊びによって成立する」と、J・アンリオは言う（『遊び—遊ぶ主体の現象学へ』佐藤信夫訳、白水社、一九七四）。あそびにべったり執着するのでなく、あそびにとらわれず、あそびとのあいだに距離を置くことがあそびの作法である。あそびから自由であり解放されていること、「距離が遊びの最初の形式」（同）であるがゆえに、あそびはどんな時代や社会にも通時的に共時的に楽しまれ重宝されてきたし、個人、集団、社会の潤滑剤からさらに文化促進剤となり、あらゆる存在の、また存在間の基礎薬でありつづけたのである。参加するも自由、離脱するも勝手、個々の主体的判断で距離を保った自在の関係を持続させるのが、社会内営為の基本倫理であり作法である。あそびは一貫してクールであった。

生物社会は今西錦司に従えば「棲み分け」社会である（『生物社会の倫理』思索社、一九七九復刻）。生物は互いに生存環境を利用し合い、相拮抗しながらも他を不必要に侵すことなく、コムペティションに走らず、コオペレーションしながら、互いに生を全うさせて「生活型社会」をつくり上げる。さまざまな生物は棲み分けという動的均衡システムを相互協働でつくり上げ、そのシステムによって種の生命の質を保持してきた。棲み分けにおいては徒らな自己主張、なわばり争いは許されない。それは互いの破滅となるからである。互いに淡く距離を保って関係し合いながら、それぞれの環世界をつくり、互いに関連し合って全体として創造的な生活型社会を形成した。自己主張の凸型の生きかたでなく、距離を保って互いを立てつつ自らの生を工夫創造する凹型の生きかたに、競合でない優しい創造的生が実現されるのである。

人間は社会内関係的存在であり、社会もまた大小それぞれ互いに関係的存在である。関係づくりも、生物同様、凸型でなく凹型の控え目が好ましい。あそびもまた凸型あそびよりも凹型あそびが現代の躁社会では望ましい。凹型あそびとは、積極的あそびでなく、何もしない、ひまつぶし、無意味無用の徒事など、つまりマイクロフローを導くような些細な楽しみごと、消極的あそびである。凹型あそびは出しゃばらず自他をそれとなく「あそばせる」ことである。互いが距離を保ちつつ主体的に営むコオペレーション社会には凹型生きかたと凹型あそびがふさわしい。凸型存在でなく凹型存在、凸型社会よりは凹型社会が成熟志向の時代に適合し、それに適合した生きかた、凹型生きかたを誘導してくれるのが「あそぶ・あそばせる」という柔かい発想で、とくに凹型の「あそばせる」という思想と方法である。「あそぶ・あそばせる」という生の姿勢は、今後ますます躁状態を呈するであろう生存環境に、より適切な生の作法となるものである。個の成熟は自らを「あそばせる」ゆとりと自己省察から形成され、それがおのずからウェルビーイングとなっていく。

第II部

場所と関係のつくるウェルビーイング

生あるものはすべて場所なしには生存しえない。
場所内にあって、場所に在るものと
濃淡長短など多様な関係を演じつつ時間を紡ぎ出し、
ライフコースを生成する。
場所と関係、それらの協働で織り上げられる時間、
この三者が生きることの基本要件である。
個々の生はもちろん、
小集団や共同体、国家の安定した生存、
ウェルビーイングは、
よき場所・よき関係、充実した時間に約束される。
[II]では人間にふさわしい居場所はどのように形成されるか、
その場所内に生起する諸関係の質をどう高めるか、
ウェルビーイングのベースとしての場所、関係、
ひいては時間について、生存学から考え、
その対処法を具体的事例から析出し提言する。
よりよい生存学としての
ウェルビーイング学の可能性の展望である。

5

生活世界を創る場所、コンパクト・シティ

◆大都市圏外の現状と行くえ

元総務相を座長とする「日本創成会議」が将来予測をしたリポートが、各地の市町村に衝撃を与えたことがあった（『朝日新聞』二〇一四年八月二十日付）。リポートは二〇四〇年までに全国の自治体のほぼ半数は消滅する可能性があるとして、「消滅可能性都市」のリストを掲げた。たとえば秋田県では二十五市町村のうち大潟村を除く二十四市町村が挙げられている。民間研究機関とはいえ天下りの政府御用達機関で、上からのまなざしは目下進行中の東京大改造戦略と同じで、そこには成長の見込みのないものは切り捨てるにしかずという役人や専門家の根性、暴力的な残忍性が感じられる。対象への注意の喚起はなく、地域への激励やサポートも、その意思もない。同記事によればさらに追い討ちもある。「将来の消滅が避けられないなら、税金をかけて維持するのは無駄だから撤退すべきだという『農村不要論』が力を増している」という。米余りと不耕地増加、食料自給率三〇パーセント未満という長年にわたる政策ミス、農業や地方に対する無策、失政のはて、自らの責任を棚に上げて農

業当事者と地域自治体のせいにするという許しがたい態度である。この「消滅可能性都市」リポートと「農村不要論」とは表裏の関係にあり、一極集中化のためには非効率、非生産性の農業と地域は、維持費節減や節税も含め、存在自体無駄として見捨てる冷酷な断罪である。こういう政策が東京を拠点にいま暴走している。地方に力がないのではない。大切に育て守ってきた力を認めない横柄な中央のまなざし、中央しか知ろうとしない政財界と御用専門家による一極の効率を高めるための地方力の吸いとりである。中央のために努力した後背地の切り捨てである。

中央志向、東京一極集中の「成長戦略」が招来する事態とはどういうことか。格差の助長であり、ひとや産業や地域の差別化、選別化である。成長のためには平等や均等化などは邪魔で、格差は必然である。中央の強化・成長のためには地方、非効率的産業、その従業者が犠牲になるのは当然とする。まるで戦前のファシズム同然の考えと姿勢である。中央のためには地方は我慢し、犠牲となり、滅私奉公、さらには身命をも提供すべしというのである。新帝国主義は中央への挺身・献身を、カネをばらまくことで唆かし、不服従ならば限界集落、消滅都市もやむなしと切り捨てるという構造である。さらに成長戦略の暴力は地方だけでなく、首都圏内部の弱者、すなわち生活者にも揮われ、生活形態の変容をも余儀なくさせつつあるのである。

一極集中の成長戦略による弊害（そんなことを成長戦略者は全く意識しないが）は今後多様に発生し、増幅、加速してゆくはずである。その大きな弊害は、――

1　都市民の生活世界の変質である。経済効率化をはかる超高層化、大街区化のために都心部から締め出された都市民から日常感覚を留める生活の場は奪われ、商品化された居住区の上で、消費だけにあけくれる過剰消費が中心となる生活形態となってゆく。ここで言う生活世界とは、J・ハーバマスが『近代の哲学的ディスクルス』（三島憲一他訳、岩波書店、一九九〇）を中心に用いた用語である。消費もコミュニケーションもシステム化され操作管理される公共圏のなかで、押しつけられる約束事や制度に従って生きる形態、システム化社会内のシステム的生活に対して、自己判断による自主的生活、地域や場所の特性を知り、住民の緩かなつながりや共同幻想を大事にしてつくり上げてきた生活形態のことである。直接的に関係し合う生活世界がシステム化社会のシステム的生活によって侵害され、大都市圏では、ミーイズムの浸潤も手伝って、生活世界は殆ど衰滅しつつある。人懐《ひとなつ》かしい空間での人肌《ひとはだ》を感じる温かい生活世界にかわって、いまやシステム的生活形態が所与のものとなりつつある。そこになまの身の生活感覚を失ったものの感性の病いや異常事態が急増してくるはずである。共生というありかたへの根本的な問いかけでもある。

2　地域の衰弱である。首都圏への一極集中は成長神話による成長戦略の軍旗の下、平衡的成長など全く眼中になく、地方のひとやものの軽視、無視を当然のこととして、弱者切り捨てへと、ときにカネをバラ撒きながら突っ走る。政治までが過剰消費で、真に地方や弱者の立場に立って地方を振興しようとする意向など中央には稀薄である。地方自治体は衰弱し、日本から農村はつぎつぎと消えてゆく。地域が守り育ててきた原風景や生活世界もそれとともに消滅してゆく。この弊害も広まってゆき、歴史遺産や地方色・風土色も民俗の知恵とともに失われてゆく。とり返しのつかない弊害である。

　都市部においても地方においても一極集中の成長戦略のもたらす弊害は深刻である。管理操作によるシステム化社会の企業都市は生活しうる時空間ではない。過剰消費が生活スタイルとなったところに生活世界は望めず、蔑視され差別される地域では、過疎や限界、消滅の危機に脅かされて、生存の余裕も精神の安定もありえない。体制や企業のための経済都市ではなく、みんなとの共生ができる生活世界、生活都市への回帰あるいは新生はありうるか。冷たい社会からホスピタリティある温かい社会へどう遷移しうるか。生きるということ、生きやすさということへの問いとともに考察しなければならない。

　私たちは孤（個）では生きられない。自然や生きもの、他者や諸事物とともに生きる。生存は共存であり共生である。ともに生きるとは関係に生きるということである。日本がアメリカに依存しつづけているのも共生であれば、地球という大宿主に人類が寄生しているのも共生である。ともに生きるには、支配被支配、宿主寄生、片利片害、依存自立などいろいろな関係が生じ、得する側あれば損する側あり、平等均等関係は至難で、格差や強弱は常態ですらある。生きものは大きな所与の環境のなかで、自分にとって意味のあるものを知覚し、それと関係をつくって生きる。J・V・ユクスキュルの言う環世界である。大環境のなかに生きるもの各々がとりどりの環世界をつくり、それらが接触し摩擦しながらも、それぞれ自立して大環境世界をつくる。自らの環世界にあって互いに親疎の関係を構築し、協働してともに生きるのが正常態であり、そこでは特定のものの過剰消費や掠奪、暴力は許されず、あったとしても持続しえない。特定の者によるシステム世界でなく、それぞれが自分の感性や能力や選択力によって現存世界をつくること、それが共生であり、自立した共存スタイルである。生活世界とは、他といろいろな関係を結び、かつ離れ、それぞれの選びとった環世界を尊重し合って、大環境のなかにそれを持続させながらともに生きる様態である。徒らな競争はなく、我ひとりの成長は許されず、謀略めいた戦略は認められない。ともに生きる協働の知恵や生活感覚のない者は共生の場に自分の環世界をもちえず、また大環境を独占しようとする無神経な強者は適切な環世界も生活世界も拒否し、それらを大切な生の場として生きるものを蔑み、掠奪さえしながら、わが戦略上の砦構築に邁進するのである。そこに大都市と地域社会、中央と地方との共生が生まれるわけもなく、そこに本来の環世界としての生活世界、生活都市の構築もありえない。しかし、一極集中化の暴風雨の吹き荒れるいまこそ、それに抗し、共生を生きる基本作法とする生活世界、生活都市づくりが緊急にして持続する課題として取り上げられねばならないのである。

◆生活世界のためのサイエンス

ハーバマスは生活世界の危機をシステム化社会の侵略によると見る（尾関周二『環境と情報の人間学』青木書店、二〇〇〇）。システム化社会では労働も経済的諸関係のなかのシステム的労働であり、コミュニケーションもシステム的コミュニケーションである。都市の市民社会ではこういう労働とコミュニケーションによって市場経済がつくられる。そこは効率化合理化のために、自主的でなく制度として押しつけられた社会で、つくられ管理操作される公共圏に人びとは生活を営む。それに対し生活世界では生活世界的労働、生活世界的なコミュニケーションによって、自生的な地域社会が営まれる。しかし今日、生活世界は全世界的に危機状況にあり、システム化社会は先進国から低開発国にまでそれぞれの形態で浸透しつつある。つくられ押しつけられる社会でなく、地域の生活感覚や場所に根づいた生活作法による自生的な生活世界の再生のためには、ハーバマスの考えの上に、I・イリイチの考えを重ねればより有効と思われる。

イリイチは科学に民衆のためのサイエンスと民衆によるサイエンスとの二種があるとする（『シャドウ・ワーク』玉野井芳郎他訳、岩波書店、一九八二）。前者は外的な自然を研究・制御・開発するサイエンスで、生産力向上による余剰から市場を形成し、市場をさらに成長発展させるために技術革新を重ねていく近代科学の本流であり、後者は近代科学以前の自分の生活のための知恵・工夫である。前者は自己規制を押しつけ、社会や国家の生産性向上と進歩のためをうたうサイエンス、テクノロジーで、それにより民衆のためという外装をまとうことになる。後者は人間と道具の関係が身近で、サイエンスの射程も狭いが、あくまで自分の生活のためのもの、ヴァナキュラーなサイエンスである。もちろん近代科学以前、あるいは低開発地などに残存するだけの考えかた、作法であるが、システム化社会のなかで押しつけられるサイエンス、唯一正統とみなされて直進するサイエンスに対して、立ちどまること、批判的に見ることを要求する力をまだ保持するものである。人間と道具、人間と科学との関係を他人行儀な規制の下におかず、自分に身近なものとして考え直そうという批判的サイエンス、直接的テクノロジーが身上である。レヴィ＝ストロースが『野生の思考』で、新石器時代から続いている「具体の科学」の特徴として用いた用語、ブリコラージュ（手元のありあわせの素材を目的に応じて随意自在に用いる実践技術）と通じる野生のテクノロジー、自生のテクノロジーで、イリイチの意図するところはその見直しである。所与の科学を客観的なものとして利用し利用されるのでなく、自分たちによる自分たちにふさわしいサイエンス、テクノロジーが自分たちにふさわしい生活世界をつくってきたし、冷たいサイエンスが導く冷たいシステム化社会でなく、温かいサイエンスが導く温かい生活世界こそが人間らしい生活空間であろうとするのである。

イリイチは民衆によるサイエンス、テクノロジーが生成する生活世界をコンヴィヴィアル（convivial）な世界、「ともに歓びをもって生きる」世界とする。すべてのものが商品化、市場化、教育化、管理化され、制度化、社会化され、人間も人間の営為も商品システム内に管理されるシステム化社会に対して、コンヴィヴィアリティは温厚ながらも本質を衝く批判となり、人間らしい生、人間らしいくらしへの土台となるものである。コンヴィヴィアリティとは、食べ、話し、歌い踊り、交わり、働き、学びながら、他との諸関係のなかに、生老病死の生の諸段階にあって、いのちの輪・和を広げ、互いに気持ちと行為を交感・交歓し合うことである。コンヴィヴィアルであるためには、相互の信頼がなければならず、片利片害や搾取、支配などいびつな共存関係のなかでは不可能である。土地や場所になじみ、ひとやものごとを信頼し、相互扶助や協働があるところがコンヴィヴィアリティの生成展開する世界であるが、それは民衆による自生的なサイエンスの生まれる土壌、ヴァナキュラーなところでもある。

ヴァナキュラー（vernacular）とは土地に根づいていること、土地固有であること、そこに親しく住みついていることなどを意味し、自分でつくったもの、自家産という含みももつ。親しくなじみ、ともにくらし、歓びをともにするところに生成される風土に固有の味である。コンヴィヴィアリティとヴァナキュラーが相互交流し融和するところに人間らしい生活世界が生まれ、そこから人びとによるサイエンス、生活世界のためのテクノロジーも形成されてくる。対等の共生のなかに生成される生活世界とそのサイエンスが、反転して、規範として強請されるシステム化社会への批判となり、さらにはそこからの脱出への道を示唆することになるであろう。

◆ヴァナキュラーかつコンヴィヴィアルな生活世界へ

対等の共生によってヴァナキュラーにしてコンヴィヴィアルな生活世界が構築されるとき、その世界はイリイチも感動したマハトマ・ガンジーの「ホーム」と思想も生きかたも共有し合うはずである。インドのセヴィゲラム村のガンジーの小屋では、身体と簡単な道具だけで世界に働きかける行為、自生的自主的行為が営まれた。そこではひととひと、ひとと道具やモノとの間にコンヴィヴィアルな関係が生まれ、静かで寛《くつろ》ぎの共生がおのずからに生じ、ともに生を営む者同士のホスピタリティがあり、歓びのなかに共生が、共生のなかに歓びが溢れていた。「ホーム」こそ分け隔てのないヴァナキュラーにしてコンヴィヴィアルな生活世界のエッセンスと言ってよかった。そこには民衆のための、ための、サイエンスという思い上がりや押しつけのテクノロジーはなく、民衆によるサイエンスによる身の丈に合った自生的テクノロジーが生活のたつきとされた。ここに望ましい共生の一方向が示唆される。

人間にふさわしい生活世界はどのようにしてつくられるか。それに基づく生活都市はどのようにして可能か。ヴァナキュラーかつコンヴィヴィアリティを生成するところは、いま消滅しつつある共同体であった。かつては都市内部にも地域にも固有の風土色をもつ共同体があり、そこには温かいふれ合いを感じさせる共生があり、それを培う共有の時空間、コモンズがあった。コモンズとは、商品としての私的所有、私的管理下にない場所、国や広域行政の公的管理下にない場所で、かつ地域住民がともに管理し、ともに利用する場所、古くは入会地や共有地などのことを言い、さらには地域に営まれる社会関係資本、たとえば結《ゆい》のような相互協働作業、祭礼行事や共同行事への参加なども広義のコモンズである。コモンズは地域住民に平等に開かれ、そこに参加するのも、強制ではないにしろ、住民の義務であった。共有地に入り共同の作業に協働するところに、住民相互の信頼と和睦がおのずから形成され、歓びを伴う共生が広まった。住民それぞれの権利と義務の自覚と実践の場でもあった。コモンズは共生形成のグラウンドで、人間同士の関係、人間と自然や神仏との関係など、社会関係資本育成の社会装置でもあった。いわばコモンズは社会資本で、ハードウエアとしての場所資本、ソフトウエアとしての諸関係資本である。そして「社会関係資本とは、信頼、規範、ネットワークのような社会組織の諸特徴をいい、それは調整された諸活動を備えることで社会の効率化を改善しうるものである」（D・パットナム『哲学する民主主義』河田潤一訳、NTT出版、二〇〇一）と定義される通り、所属する体制やシステムから押しつけられる資本でなく、場所と関係を重視する土地に根づいたヴァナキュラーな自生的資本である。

ハードとソフトを兼備したコモンズ、社会関係資本は共同体にともに生きるものの共生に育まれ、またそこから相互協働という共生も育成された。そこでの共生は同質のものの慣れ合いの共生ではなく、相異《あい》なるものの互いに承認し合う環世界の集合としての共生であり、相互承認は共生の基本前提であった。異なることを互いに承認し合い、相異を大切にしつつ、互いに協力、協働、調和するのがコモンズでの共生である。それぞれが承認し合うためには、各自が自立し自主性をもち、依存や寄生、支配や搾取を拒否し、住民義務を履行しつつ権利を自覚するものでなければならない。システム化社会では格差は当然視され、貧困者や弱者、非生産者は承認どころか無視、排除されるが、生活世界社会では弱者劣者を含め、明日はわが身の住民感性のもと、相異なるものの差異そのものを肯定し、相互理解による相互承認に基づく相互アイデンティティを重視し、それが基本生活作法となる。

現在、コモンズの喪失は日本はもちろん世界的現象で、それをベースとする生活世界もシステム世界に圧倒されてしまった。その上に地方再生などという心にもない看板を掲げて政府は地方を踏みにじり、生活世界を根絶やししようとする。それに踊らされず、わが地域、わが歴史、わが工夫などの自負のもと、自主自立の姿勢と方向をもって地域がそれぞれ共同討議するとき、地域にふさわしいコモンズが育成され、ヴァナキュラーでコンヴィヴィアルな生活世界が新生するはずである。一律化を拒否する姿勢に地域力が甦る。

人間社会は多様と見えて現在は一律化が進行中である。多様性を装った画一化としての強制的共存が、いま政府や大都市から、経済界や財界から、親切や将来性を擬装して、地域や都市民に押しつけられている。生きかたのシステム化、価値観の統合、金銭感覚などの感覚の平準化など、すべては大きな中央体制、一極集中の大きな都市、強い経済、強い財政のためである。地域や都市民に犠牲を強いる暴力的画一化に共生はありうべくもない。人間は自分で選びとった環世界のなかで生き、くらし、環境と共生し、他者とともにある環境を育て上げてゆく存在である。都市環境、社会環境、文化環境など、環境はすべて所与のものでなく、人間がつくり、共同討議と協働の上で改変していくものである。人為淘汰という怖ろしいシステム化社会だからこそ、強圧的大都市化社会だからこそ、諸環境と地域社会との共生をベースとした生活世界づくり、生活都市づくりは、ゲリラ活動のように、中央の力に抗して、各地に出没しなければならないのである。そしてそういう人間にふさわしい世界や都市の集約的表現の一つがコンパクト・シティの考えかたと方法である。生活世界を営める場所、生活都市が心温かい都市のウェルビーイングを創る。ヴァナキュラーでコンヴィヴィアルな生活臭濃いウェルビーイングである。

◆コンパクト・シティへの道

大都市圏への人口、物資、資本等の集中化による都心部のコンパクト化や、大街区化による人口、建造物の凝縮化が、成長戦略の威勢のよい掛け声に合わせて政界財界経済界のために強行されているが、ここで問題にするのはそういう住民無視、生活世界無視の都心部のコンパクト化ではない。さらに成長戦略としての市街地づくり、格差助長策でもある市街地改造に見られる弱者や非生産性切り捨てのコンパクト化政策でもない。たとえば市街地の空洞化対策として「まちづくり特別委員会」を立ち上げた日本商工会議所による「中間まとめ」（二〇〇五）では、都市の経済・社会問題に絞られ、地域固有の都市づくりの提言はなく、市街地を市場経済空間としてのみ捉え、生活空間という視点は全くない。また国土交通省は「中心市街地再生のためのまちづくりのあり方について—アドバイザリー会議報告書」（二〇〇五）を公表したが、そこでも市街地は専ら経済効率の面で捉えられた。公官庁や経済界にとって、都市、市街地は経済市場のフィールドでしかなく、経済最優先のトップダウン式の都市政策が繰返されてきた。都市法をいじり再生法を策定するのも政財界の意向と都合によるもので、つねにお手盛りの都市政策が続いた。

人口問題、集中化、システム化などにより二十世紀後半から都市問題は日本はもちろん世界に共通する課題となった。膨張する都市、疲弊する地域、混迷する郊外地など、全国的な都市化につれて、住めない都市すら出現し、課題は多様化してくる。いまや政財界の目線やトップダウン式では都市問題は解決不能となりつつある。そのとき浮上してきたのがコンパクト・シティという発想であった。

先駆はヨーロッパで、一九八〇年代後半から、持続可能な都市の実現をめざして、各地で都市イメージが検討され、EUは一九九〇年「都市環境緑書」で、これからの都市像として、中世都市をモデルとしたコンパクト・シティを提案した。いろいろに積み重ねられた構想に日本での討議も加えて想定されるコンパクト・シティの基本イメージと、その実現への方向づけはおおよそ次のようにまとめうるとする（鈴木浩『日本版コンパクト・シティ』学陽書房、二〇〇七）。ハード面では⑴居住・就業などの高密度化、⑵複合的な土地・建物利用、⑶自動車に依存しない移動システム、⑷多様な居住者と多様な空間、⑸歴史的・文化的な独自の地域空間、⑹市街地と外部との明確な境界、これらを求められる空間的な形態とし、ソフト面では⑴社会的な公平性、⑵日常生活上の自足性、⑶地域運営の自律性、これらを満たすことがコンパクト・シティの原則であるとする。ここには政財界主導による大都市中心部のコンパクト化の考えから少しく民意を重視する方向が見られ、住民参加と他地域との連携など、住民への配慮も少しく見られる。

コンパクト・シティは、話題となりながらも、日本ではまだ実現例は乏しい。日本では今日なお成長発展が信じられ、成長戦略の橋頭堡でもある大都市は依然、経済効率や利便さ、巨大性や高密度が重視され、生活世界が軽視されてきたためである。コンパクト・シティはこれまでの大都市中心の考えかたでは構想も推進も実現も不可能で、都市は何のため、誰のためのものか、都市の主体は誰かを問い、住民本位の生活世界を最重要視する生活都市こそ人間が住むに値する都市であるとする都市観への切り替えが先決である。システム管理都市から、生活を守り豊かにする生活都市への価値観の転換である。都市は多様な人間が共生する時空間、各自が自立しつつ互いに協働して生活世界を営む時空間である。上から押しつけられる枠をもったシステム・ボックスではない。生活空間としての生活都市を都市の本命とするとき、少々古めかしいが、またしてもイリイチの思想が参照されてくる。

◆場所に根ざした生活都市へ

大量資源採取－大量生産－大量広告－大量消費－大量廃棄というフロー、しかも可能なかぎり高速度のフローによって高度経済成長は演出され、それと併走して大都市圏集中化が進行し、空間面でも機能面でも高層化、高密度化、高速度化が生存環境の通常態となった。それどころかバブル経済によって、大量に替って過剰が登場、過剰採取－過剰生産－過剰広告－過剰消費、そして食べ残し、原発を含む産業廃棄物など過剰廃棄が、アメリカ並びにアメリカを見倣う日本の現状となった。イリイチはそういう上から演出される都市ではなく、根生いの都市、大量や過剰でない身の丈に合った都市、そしてそこでの身の丈に合った生活を、現状に対するしぶとい対抗策として提唱しつづけた。地域性を捨象する都市でなく、場所に根ざし場所から自生してくる生活の工夫や作法による都市を構想した。

生活都市にまず重視されるのはヴァナキュラーで、地域性が都市の表情をつくり人びとの表情をつくる。持続されてきた自然環境に見守られて農林業や漁業などの一次産業も都市と協働して活気づき、都市を中核とする風土色をつくり上げる。ヴァナキュラーはコモンズの見直しとなり、それを媒介にして協調・協働が展開し、コンヴィヴィアリティが育成されてゆく。コンヴィヴィアリティは住民相互の話し合いや親和のなかに育ち、地域にふさわしい共生が定着してゆく。ハードのコモンズとソフトの社会関係資本の共同作業のなかに生成、成熟していく共生である。地域色ある共生は地域内にとりどりのグループや集まりを生み出し、それらは他と呼応し連帯して、ガンジーの言う大小とりどりのホームをつくり上げる。ホームからは誰とも交歓しうる親和性や、誰をも差別排除しない寛容な快適性が自生してくる。快適性とはシステム化社会にみる利便性やモノや情報の豊富さではない。自然や地域や歴史や人びととの関係、しかも誰にも遠慮も気兼ねもせず、ひとりひとり自立しつつ他に開かれている関係が生み出す快さである。地域性、協働性、親和性、共生、快適性など、地域の風土というハードに根ざしたソフトな生活世界の快さで、そこに大量や過剰を排したコンパクト・シティが生活都市として成長していく。

生活都市は成長戦略に踊らされないだけにおのずからコンパクトとなる。欲望の自由放任は都市も社会も荒廃させる。コモンズをベースとするコンパクト・シティでは、とくに参加型共生のあるところでは、過剰の欲望や経済的欲望は嫌われ、身の丈に納まっていく。ハード・ソフト両面にわたる地域のもつ力を協調力によって引き出し、改善し、推進していくとき、地域創生への道は開けてくる。地域そのもの、場所そのもののウェルビーイングの創生である。

都市は市場でなく生活の場である、とする健全な考えに帰るとき、都市は生活都市として本来の姿を現し、生活の質こそが都市の質であることに改めて帰着する。そしてその質とはイリイチやパットナムの示唆するコモンズや社会関係の充実であり、ハーバマスの憂《うれ》えたシステム化社会の侵害から再生した生活空間である。そこに地域の生活感覚と個性を活かした共生のコンパクト・シティが熟成され、地域創生が実現するであろう。その試みが現に実践された。その典型的事例の一つが近江八幡市である。

◆共生するコンパクト・シティ、近江八幡

近江八幡市は滋賀県の中央南寄りに位置し、北に八幡山、北西に琵琶湖、周囲に水郷農業地帯を擁する人口十万弱の都市である。豊かな水と沃野と穏かな山並を併せもつ市域は、多くの縄文・弥生時代、古墳時代の遺跡が示すように太古から人が居住しており、奈良・京都にも近く、また大陸渡来の文化の先進地として、古代・中世を通じて、生産、交易流通、軍事にわたる要衝であった。近江八幡がさらに注目されるようになったのは近世、織田信長による隣接地安土での築城、そしてその炎上からである。一五八五年、羽柴秀次は豊臣秀吉から近江四十三万石を与えられて鶴翼山（八幡山）に築城、山下に城下町八幡を建設し、信長が安土城下に下した安土山下町掟を参考に、八幡山下町掟書を下して楽市楽座を継承する町づくりを始めた。安土からの移住もあった。八幡町の基礎となるものである。

京都警護を見込んで秀吉も築城に協力、城下に濠をつくり、碁盤目状の道もつくった。しかし秀次が秀吉から自害を命じられると、城は取り払われてしまった。徳川政権下ではこの地の支配構造は錯綜したが、上方と江戸を結ぶ陸運、湖による北国との水運、豊沃な農地と漁場による農水産業、運河と干拓、港湾造営などは積極的に推進された。京大坂や江戸とつながり、北国と結ぶ陸水交通の要衝

にあり、琵琶湖や低湿地や沃野が生む農水産物やヨシ、畳表、瓦や蚊帳などの地場産物は、楽市楽座の進取の気風を引く商人たちによって全国に広められていった。農水産業、手工業、交易業、商業の多角的協働・共生である。

町は八幡山をシンボルとして、それを中心軸に上下左右が構成され、聖なる中心軸を取り囲むように八幡堀が巡らされて、聖と俗との緩やかな結界もなされた。聖地のシンボルは八幡山と日牟礼《ひむれ》八幡宮、そして俗地には商人職人を中心とする町並が連なった。周囲には農村と、手工業の原料生産の水郷、湿地、漁村と港湾がゾーニングされて広がり、その異種生業の共存する空間を自由な立場の商人が行き来し、異業種を媒介して共生共栄をはかった。近江商人は地域共存を媒介し、ついで東へ西へ北へと諸産物を外部へ媒介していった。

近世からずっと八幡町は異業種の共生・協働する町であったが、近代化の波にさらされて他の地方の町同様、八幡町も苦境に陥った。明治三十八年、英語教師としてW・M・ヴォーリスが八幡商業学校に赴任、学校を逐われる不運に遭いながらも教え子たちを同志として近江ミッションを設立し、伝道の傍ら、薬品を販売、のちに製造事業を興して経済活動も始める。活動は教育、医療、福祉面から建築による町づくりへと物心両面に及んだ。ヴォーリスという渡来の新しい力と、近世から培われていた進取の気風と、外に開かれた目、土地に根づいていた共生と協働の精神との呼応によるもの、外と内との共生の成果である。

しかし戦後、とくに高度経済成長の煽《あお》りをうけ、八幡市はまたしても低迷を強いられる。農水産業は生産力も低く歓迎されず、蚊帳や瓦、畳表やすだれなどの和風生活のための手工業製品の先行きは暗かった。そこに自動車時代が追い討ちとなって水運は終息、鉄道から中心部が離れているという立地も禍となって八幡市の主軸はゆらいだ。ついに町のシンボルであった八幡堀を埋め立て駐車場にする計画が市議会に持ち上がる事態に至った。かつての機能を終え、汚泥と雑草で蚊や害虫、汚臭の発生源と化していたからである。

町おこしのきっかけはこの八幡堀埋め立て計画であった。それまで町政に無関心、不参加であった住民をまき込んで、町をあげての議論を呼び起こした。住民の関心が初めてわが町のことに向けられたのである。経済のためならという埋め立て賛成派が先行するなか、青年商工会議所の有志が、先人のつくった遺産は一度潰せば決して再び目にすることはできない、八幡堀は不要と化したかに見えるが、先人と私たちをつなぐ血脈である、として埋め立て反対に立ち上がり、ボランティアで浚渫《しゅんせつ》を始めた。休日を返上しての無償行為は当初冷眼視されがちであったが、次第に任意参加も増え、共同作業となり、協働の成果も見えはじめ、若い人たちが知らなかった八幡堀の爽やかな姿、景観が甦りだしたのである。青年有志たちの賛成派への説得もあり、つぎつぎと住民のボランティア参加があり、心を共有する共同作業を通じて、町政と住民との関係を考える人びとも増えていった。共同・協働のなかに共生・共同の精神が生長していった。

◆市民が場所のもつ諸資本を再生する

八幡堀は甦った。八幡堀再生の経験を生かして、つぎは町をどう方向づけていくか、が問われることとなった。共同作業に参加した体験は個々人の精神資産になるとともに、互いを承認し互いに交歓する社会関係資本となって根づいていった。私たちの町は私たちによって、私たちのために私たちがつくる、というイリイチの「民衆によるサイエンス」と同質の思考、精神である。まちのコモンズの再生に向けてボランティアで参加する、参加によって協働という力、協調という和が自覚され、無自覚であった市民感覚、市民意識がよびさまされ、まちにともに生きるという生活感覚も甦ってくる。先人の知恵への感謝とともに歴史への共感も生まれ、先人とともに生きているという住民感覚が、町をともに歓び合う場、コモンズの自覚と新生の場としたのである。イリイチのいう、わが土地に在るというヴァナキュラーの自覚の上に協働体験を通してコンヴィヴィアリティが、そして互いに親睦を深め合うホームが定着していった。町づくりはこれら三者一体に支えられて、さらに広い目配りのもと、地道堅実に進められた。

まずヴァナキュラーのベースである自然環境、自然資本の見直しがあった。町の中心軸としての八幡山のシンボル性強化である。多様異質雑多なものが混在するとき、俗界から超越した聖なるシンボルが無言で多様性をまとめ、共生をすすめ、融和へと導いていく。風水思想で主山が場所の要とされるように、八幡市の宇宙軸として八幡山は再確認された。水辺は衰え港湾機能はほぼ消滅したが、琵琶湖とそこから引かれる運河、掘割は水郷地帯の顔となり、市中の水路に見るように八幡市の表情もつくり上げる。さらに西の湖も含め、水は八幡市の中心から周辺までをやさしく抱きとるものとして改めて市民に共有され、山と並び水は八幡市の自然資本、自然コモンズとして刷新された。

つぎは生活世界を最も左右する経済資本の見直しである。継承してきた農水産業、自然条件とともに住民・職人が育成してきた手工業、さらに製薬などの新興企業を保全し改善し、今日的需要に応えようと、当事者同士、並びに異業種間の協働が改めて検討された。また旧市街地の景観と生活感覚を壊さないよう新規の産業を旧市街地の外、JR駅の周辺に集めるなど、業種によるゾーニングもはかられた。そういう作業を推進するに力あったのは、内を固め地域内と同業の和につとめ、他業種との連携から外へと開いてゆく近江商人の伝統であった。商家の家訓や商法、蓄積されてきた商圏の見直しもされた。経済資本は物資面、生産流通面だけでなく、相互協力という関係資本でも見直され、ヴァナキュラーな固有資本としての助長がはかられた。

社会公共資本は八幡堀のような非実用的なものもあるが、古い町並や道路などが、町なかの交歓のオープンスペースとして、京都へ北陸へ東京への遠隔交流の装置として、モータリゼーション社会に対応しうる生活空間として、再確認され、温和な町並との調和を演出するインフラとしても工夫・再生された。またヴォーリスの献身精神も継承し、住民からの要望もふまえて市民参加型の公共施設もつくられた。市民のための葬儀場〝さざなみ浄苑〟はその一例である。市民の共有資本としての町並、道路、インフラであるためには、共有の理念で守り育てられねばならない。景観や建物の高さ規制など、それらを行政とともに考える参加ガバナンスも見えない公共資本として定着していった。行政との共同作業は市民に義務と権利の考えかたを涵養することともなった。

古い町八幡には宗教施設、社寺も多く、そこでの祭りや行事も多く伝来されてきた。宗教資本である。町共有の聖地日牟礼八幡宮や、長命寺をはじめ天台宗や真宗などの諸派寺院は、住民個々の聖なるものとの結縁の場であり、かつ同業者、同信者、家同士のつながりの場である。伝統的習俗をとどめる八幡市にとってそれらは伝承されてきたものと結縁する連携装置、あるいは心やすらぐアジールとして、今も息づいている。とくに日牟礼八幡宮の年大祭をはじめ、俗の時空間のなかへのハレの時空間の演出は、町の活性化、市民の結束、参加型あそび、そして共生のシンボルとして見直された。さらに八幡堀まつりや琵琶湖ビエンナーレなど新趣向のイベントも創始され、新旧の交歓の場の育成に市民・行政が協力して努めてきた。日常のなかに非日常、俗のなかに聖を挿入することは古くからの生活の知恵、生活感覚であり、生活世界に不可欠の作法である。そのことを当然のこととするまでに市民は成熟してきたのである。

歴史資本、文化資本も町づくりには欠かせない。八幡堀や城址、寺社、商人屋敷や町並、近代のヴォーリスの諸建築物など、ハード面の歴史文化遺産の保全と継承は、その地に生きる住民の責務であるという自覚も育成された。近江牛や近江米、赤コンニャクなどのご当地名産も歴史遺産、その味つけや調理法も文化遺産で、それらは京大阪に近い立地も手伝っての遺産である。それらを生活感覚から伝承してゆくのである。大事なのは、ここでも目に見えない資本であり、その育成である。なぜ町並を守るか、その精神の自覚である。内外に広く働きかけた近江商人やヴォーリスの献身的かつ大胆な進取の精神を住民・グループが体得し、それを実践することも歴史文化資本となった。それら精神文化を身につけること、それに基づいてハード遺産を守り、町づくり、資本づくりに献身すること、そういう資本が住民のなかにも行政や業者のなかにも育っていった。

近年、重要文化的景観が文化財に加えられ、その第一号として近江八幡市の水郷地帯の円山、白王地区と八幡堀地区が指定された。重要文化的景観という考えが生まれ定着するには近江八幡市の町づくり運動の力があった。町の魅力をじかに示すのは町の顔である景観である。しかし従来から景観は町づくりで軽視されてきた。その景観を八幡市は、八幡堀復活が町づくりの原点であったように、当初から重視してきた。自然資本の見直しと同時に景観資本という考えを表面化しての町づくりである。しかも景観は自然と人間の営み、生活感覚との共同作業によって形成されるものとする、いわゆる生活景である。農業も漁業も手工業も自然と協働して丁寧に営まれるとき、そこに手づくりのような表情が生まれ文化的生活景観が成熟していく、そのことを近江八幡市は実践から実証してみせた。

八幡市は住民先導のもと、行政の熱心な支援を得て「近江八幡市風景づくり条例」を決め、単なる景観ではなく生業が営まれる場、生活世界としての景観を優先した。農業商工業以下、多様な業種をゾーニングした市街地や郊外、周辺地に新旧の生活感覚あふれる景観を創生し、ゾーンごとの魅力を育成するよう、市民あげての景観づくりが全国に先駆けて展開された。「風景形成基準」の制定など、屋根の傾斜や高さ、間口《まぐち》のとりかた、アプローチ、色彩、素材など、ゾーンごとに細部にわたって規定され、その方針に従って町づくりは進められた。そしていま近江八幡市は生活景観を誇る町、町の美観化に成功した町として、全国の中堅市町村のモデルとされるに至った。成功に導いた力は何であったか。

◆生活都市近江八幡を創ったもの

先人たちの知恵でつくり継承してきたものは、自然景観、自然資本も含め、壊さない。それらのもつ意味と力を知れば、今日の欲望や知恵にかられての軽率な破壊・改変は許されない。こういう当たり前の感覚から市の再生運動は始まった。遺されたものはすべて意味あるコモンズ、地域の資本、歴史の遺産であるという考えから有志ボランティアによるそれらの見直しが始まり、批判的立場から協調へ、協働へと住民の共感を誘い、意欲的な市長の率先指導もあり、行政も協調から積極的支援へと前進した。歴史的地域的コモンズの見直し・再創出は、ハード面だけでなく、伝統や気風、精神というソフトのコモンズの発見・育成ともなった。コモンズを先人に習いつつ住民がともに利用することで先人と親炙でき、住民相互の和睦も培われた。ヴァナキュラーなコモンズの見直しによって、タテに歴史的に、ヨコに同時代と共生し交歓する古くて新しい町が進展していった。

近江八幡市は町づくりに当初から成長戦略をとらなかった。都市とは生活をするところ、生活を最優先する生活都市が八幡市の望むところという考えが、市民だけでなく市長・行政にも共有されていたからである。立地条件など自然資本を見つめ、培われた経済資本や社会資本、宗教資本を踏まえ、生活本位の温かい生活都市が話し合いによって共有イメージとして形成され、それに基づいて町の改造、修景が進められた。東京や大都市を羨望し真似ることなく、地域に根ざした考えで、地域を大切に、地域の力を信頼し、地域とともに、地域をつくった先人とともに、成長でなく成熟、拡大でなく身の丈に合った生活都市、地域に誇りをもつ個性ある地域都市をつくる、この共有された思想と作法が長期にわたる町づくりを支えてきた。他に依存せず、寄生せず、画一化を排し、おしつけを退け、まず自らの内部に充実した相利の共生を見出し、自生の力を利用しつつ自主自立の途を歩もうというのである。内部の充実の上で周辺と協働し、近隣諸都市さらには遠隔の都市ともとるべき連携があれば連携し、共生をはかっていく、そういう姿勢が保たれてきたところに今日の近江八幡市はある。ヴァナキュラーを重視し、共生によるコンヴィヴィアリティを育て、立場ごとに営まれるホームの連帯をはかることを通して、内部の充実、そして外部との生産的かつ交歓的な連携も保証された。

近江八幡市の町再生、町づくりは、成長や欲望にかられないこと、町じたいの地理的自然条件から歴史文化的条件までを正確に住民並びに行政が認識し、その上で住民のための生活都市を構想すること、それが地域の中規模都市のあるべき姿勢である、と住民納得の上で町再生が推進されたところに成功の鍵があった。住みやすい生活世界に大きさや広さは無用で、コンパクトは必要十分条件である。コンパクトであるためには過剰生産も過剰消費も必要なく、継承したハード・ソフトのコモンズを有効に再生産的に利用し、差別のない共生から生成する社会関係資本の力で、ハード・ソフト両面の蓄積を次世代にバトンタッチしてゆく、という穏健な思想と方法である。自然や景観も経済や宗教、歴史や文化も先人と呼応してつくってきたコモンズであり、住民・行政がともに協働し、みんなと共生するところに生活都市が成熟し、生活都市はおのずから成熟都市となってゆく。コンパクトであることが実質的な共生のベースであり、共生によって穏健なコンパクト・シティが成熟してゆく。コンパクトを守ることは、人間にとって、都市にとって、必須の自衛作法である。成長や進歩という前時代的志向に、人間間の、都市間の共生はない。歴史や伝承文化などタテの流れとの対話、地域内から周辺都市へとヨコに広がる対話、それら競合を排した対話を通して、じっくりと場所・地域は成熟し、場所とそこに営まれる関係のなかに成熟のウェルビーイングが根づいていく。場所がつくる生活世界最優先の真のウェルビーイングである。そこに、住むための生活都市が成熟してゆく。

6

健康な関係の育むウェルビーイング

◆病める者の健康なコミュニティ

タイ北部にある古都チェンマイはタイを代表する観光地である。タイは日本とはちがって戒律を守る仏教国で、仏教寺院に寄せる人びとの信仰は篤く、出家僧への信頼も深い。宗教の世俗化という全世界に蔓延する風潮のなかで、タイの仏教寺院の風光は参詣する者の心にしみるものがある。産業化工業化を推進するタイにあって、仏教寺院は観光資源としてタイ経済に大きく寄与してもきた。特に北部タイは古寺院に加え、南部には乏しい歴史的遺産もあって、観光地として国の内外から多くの観光客を招き寄せた。もともと経済力の貧弱だった北部タイに観光客が押し寄せてきたとき、彼らを受け入れるための歓楽街に客集めのための怪しげな施設が慌しくつくられた。セックス産業である。そこは、仏寺と歴史を売りものとする古都のもうひとつの顔となり、日本を中心とする外国人ばかりでなく、国内の男性をも惹きつける人気スポットとなった。

開放的なセックス産業はたちまち大きな弊害を生み落とした。HIV感染者の急増である。不治の病と宣告され冷たい目にさらされて、感染した女性たちは生きるたつきを失って見捨てられてゆく。病いの苦しみのなか、生家から追放され、離婚され、共同体からも排除され、行き先もなく生きる場を追われてゆく。そこに自らもＨＩＶに感染した女性の呼びかけによって、ＨＩＶ感染者の共同体が生まれた。身寄りのない感染者が互いに面倒を見合い、生活を立て直そうというコミュニティであ る。患者の増加につれ、チェンマイを中心に相互に助け合うエイズ患者のグループが近隣に育ってゆく。田辺繁治の『ケアのコミュニティ—北タイエイズ自助グループが切り開くもの』（岩波書店、二〇〇八）はそのいきさつを丹念に記録した労作である。

いかにも仏教国らしく、それらの互助コミュニティが生まれるには、仏教寺院からのサポートもあった。もちろんＮＰＯも手をさしのべたが、何より大きな力は、不治の病いという脅しのような圧迫や世のなかからの蔑視と排除にめげず、患者が自ら助け合いながら、自ら働き、自立していこうとする意欲であった。そのコミュニティでは、働ける者は熊の縫いぐるみを作り、それをＮＰＯ団体を通して販売することで生活費と薬代とした。働けない者にも手当てがあり、全員が互いに支え合って自らの生の砦としてのコミュニティを守り育てていった。全員病める者によってつくられた互助と自立のコミュニタスである。

病める者同士の身・心両面からの支え合いが運動のエネルギーである。物・心どちらの面でも脆弱きわまりない弱者のつくるコミュニタスである。にもかかわらず、つながりを求めて加入してくる者、受け入れる者、両者一体となって、ともに励まし合い支え合っての生活である。いまを大事に、働けるかぎり働きつつ、未来に向けて病いを克服していこうとする姿勢はけなげで、美しい。病める者のつくる健康で健全なコミュニティである。

相互扶助のこれらのコミュニティが健康で健全なのは、参加メンバーである病者たちの心とけなげな営みのせいだけではない。内部だけの結束でよしとする自閉的営みにとどめず、自らの営みを外に向けて開放し、自分たちを追放排除した外部に向かって働きかけたところに、これらのコミュニティの真の健康さ、健全さがあった。彼らは、縫いぐるみの態で外部に働きかけ、さらに仏寺とも手をとり合って、HIV感染者に対する外部社会のまなざしと意識を変えていった。自らを排除追放された弱者という立場に追い込まず、そこに逃げ込まず、グループ全員で支え合って病気に立ち向かい、自慰的な営みに陥ることなく、冷酷な世間に対して憐みを乞うこともなく、抗弁抗議もせず、小さな自閉の安息に退かず、グループの存在を開き、積極的に内・外のパイプをつくって、HIVの何たるかを社会に知らしめ、病者と健常者との間にコミュニケーションの場、公共圏をつくったところにこそ、コミュニティの真の健康さがあった。排除追放された病者が排除追放した者たちに働きかけることによって、予測もできなかった公共圏が形成されたのである。コミュニティ内部も健康、健全であったが、コミュニティと外部とを結ぶ回路によって、病者と健常者、差別される者と差別する者とをつないだ開かれた公共圏は、さらにもっと健康で健全であった。

仏教では仏の教えによって結ばれ、互いに扶け合い、互いに切磋琢磨、修行研鑽するコミュニティをサンガ（僧伽）という。サンガは内部は戒律を守り仏の教えを磨く自足した集団でありつつ、自閉することなく、内部で磨いたものを外部に向かって開き、内・外の間につねに公共圏をもつことにつとめるコミュニティである。内に充実しつつ外とわだかまりなく交信する、そういうのが健康なコミュニティである。タイ・チェンマイのエイズ患者たちのコミュニティも仏教のサンガと同質である。内に全員親しくつながりつつ、ともに励まし合い自らを磨きつづけ、自閉や自慰、自足に安んずることなく、外に向かって開く集団は美しく健康である。コミュニティの健康とはそういう内部の自己研鑽と、内部の開放と、それによる内・外の開かれた交歓のあることとである。

内部が闇であったり隠蔽されているコミュニティは不健康、不健全である。暴力団や特殊宗教法人などその例である。セクトといわれる結社もたいていは外から見て内部不透明であり、それらは外部に開くことなく、まして内と外とをつなぐ公共圏をもつことはない。世間にはこのような人目を避ける自閉集団、暴力や特殊利権などで防備した結社、共同体、グループは多い。公共の場に開かれていず、開いたとしても虚構やこけおどしでしか開けない政治団体や企業グループや天下り公団・財団などもとても健康健全体とはいえない。外面《そとづら》は美しくなごやかでも茶の湯や生け花などの家元制度にすがる世界や、能や邦舞、歌舞伎など伝統芸能の世界も陰湿、不明朗でとうてい健康健全とはいえないコミュニティの典型である。それらはいずれも自らの内部の周辺に透明な公共圏をもちえていないからである。政界といい財界といい芸能界といい、いずれもどこかに自利を専らとする陰湿さをもち、晴れて健康健全と言えない不透明さをつねに内部に蔵している。閉鎖集団、クローズした共同体は不明瞭であり不愉快である。身体の健常者がつくる集団、結社、講や社中に不健康なものが多く、チェンマイの例のように、あるいは日本でも公害闘争の被害者団体に見られるように、身体を病む者のつくる共同体に健康さが多く見られる。内部において互いの信頼のもとにつながり合い、心を通わせ合って支え合い、そして外部とつながり、心を交歓しようとするところにこそ健康があり、健全がある。

◆環世界からコミュニティへ

私たちはコミュニティのなかにコミュニティの一員として生きる。自覚的なコミュニティもあれば自覚されない地縁的な居住地域のようなコミュニティもある。私たちは「場所」の上に、さまざまなものとつながり「関係」をもって生きる。生きることは「場所」のなかでの「関係」づくりである。人間とは場所における関係的存在、つまり場所内存在プラス関係的存在である。

場所内にあって人間は何とどう関係をもって生きるのか。コミュニティのような集合体内存在を自覚する以前に、私たちは生きもの、生命体として広い環境内に存在する。そして生命体として私たちはまず環境のなかで自らの生命の安全と維持をはかり、生長と快適さを求める。環境という漠然と広がるもののなかに生命体は漠然と生存できない。自分にふさわしい環境を見つけ、あるいはふさわしく環境を整えることが生存の要件である。環境とは生命体すべてに共通のものではなく、茫漠とした環境は認識の閾域外のものである。私たちはそういう無限定な環境を生きる場所とはしない。はてしない広がりと漠然とした意味を湛えた環境には適応できない。漠然とした環境のなかから自分にとって意味ある世界を知覚し、ひとつの世界、環世界を構築するのである。環世界とはその生物にとって「意味ある世界」、生存するに適した「意味ある環境」ということである。環世界はそれぞれが主体として振舞うそれぞれの生活圏ともいうべき砦空間である。ただしこの砦のような環世界は生態学でいうテリトリーとはちがい、いろいろな生物が入りまじり重なりつつ、互いの知覚によって互いに意味ある世界を成す開かれた共存世界である。

精神医学者飯田真が、「状況とは個人をとりまく世界（umweltlich）、対人的世界（mitweltlich）の事態や出来事のすべてや、個人と世界との相互関係のすべてを意味するものではない。状況は個人をとりまく世界や対人的世界で出合うもののもつ有意味性（Bedeutsamkeit）によってその輪郭がつくられる」（『精神医学論文集』金剛出版、一九七八）という場合の「状況」も、治療体験のなかから見出された人間の生きかたの真実で、「環世界」と等しい。

すべての生物はそれぞれにとって意味ある世界＝環世界に生きる。人間も同様にそれぞれ個別に環世界を構築し、そこに生存を託してきた。環世界はそれぞれ分節・分断して孤立する時空間ではなく、互いに重なりつながる時空間である。植物の極相のようにときに安定あるいは停滞することもあるが、通常は利害関係も錯綜し、条件とか状況の変化によってつねに変動する時空間である。しかもそれぞれの環世界は自然のままに放置していては存続も保障しえない。そのため人間集団においてはそれぞれの環世界の安定と維持、生長のために、もうひとつの世界を構想した。それぞれ固有の環世界を保持しつつ、それらの連帯によってよりよく環世界を守り、かつ環世界をより広い時空間へと開く試みである。変化する状況や条件に対応すべく、共通の感情や考え、目的や利益によってつながろうとする試み、すなわちコミュニティづくりである。

私たち人間は、一つの生命体としてまずそれにふさわしい環世界をつくり、そして環世界をよりよく生かすために、さらに個の世界以上に意味ある世界を開くために、より広い意味を共有する世界、コミュニティを構想する。環世界もコミュニティもともにそれぞれ「意味ある世界」である。個の意味からグループの開かれた意味へと、つながりと関係を求めてゆくのがコミュニティづくりのエネルギーである。個という意識の枠から他者や集団とともにする意識へと開かれてゆく。こうして人間の生存の場は、生命体－環世界－コミュニティへと開かれてゆく。閉じつつ内に充実し、かつ外につながり開かれた世界は、生気あり健康である。

先にみたＨＩＶ患者の互助コミュニティはそれ自体が充実した意味に満ちみちていた。コミュニティには本来、地域性（場所）と、そのなかで生活や営みをともにしつつ相互扶助し合う共同性（関係）という二つの要件を併せもつ集合体という意味があり、「場所」という地縁の上に、互いに「関係」し合う共同意識で結ばれた人間集団というのがコミュニティの基本形である。つまりコミュニティとは「場所」を共有し、生活様式や伝統、仕事や目的などの共有を重視する精神共同体である。「場所」と「関係」を重視し、精神のつながりを大事にするところから、コミュニティは自らの立場や思想、目的や利益、組織や伝統を守ろうとして、往々にして防衛的となり、自閉的となりがちである。ときには自衛の裏返しとして闘争的になることもある。コミュニティがそういう性格を帯びるとき、コミュニティはドグマにとらわれたセクトとなり、外部とのコミュニケーションを避けて内向集団となり、公共性を失っていくことになる。外部との間に公共圏をもたないコミュニティは社会内存在であることを止め、社会のなかの特異集団と化していく。硬直したコミュニティは不明瞭で不健康である。自ら活発に内部充実をはかりつつ、つねに外部に開かれていることが、「場所」と「関係」を生命とするコミュニティの健康、健全の要件である。

◆コミュニティから社会へ

ひとはさまざまなコミュニティのなかに生きる。そしてそれらさまざまなコミュニティを社会がそっくり包摂する。私たちは環世界ごとコミュニティごと社会にすっぽり抱きとられて生きている。

私たち人間は「場所」のなかに予測もつかぬ多くのものと「関係」をとり結びつつ生存し、それによって社会というものをつくりあげる。社会とは人間がそれぞれ個の環世界をベースに、とりどりのコミュニティを結びつつ、それら一切を包括し統合した生命体である。環世界－コミュニティ－社会、その多重多層体が人間が生存する全体社会の基本構造である。三つは排除し合うことなく、それぞれ自立し、かつつながり、そして互いを生成変容してゆく。三つは相互共存し持ちつ持たれつの関係にあるのが望ましく、それが多重構造体としての社会が健康であり健全ということである。

三つに共通するものは「場所」と「関係」（つながり）である。環世界とは自らにふさわしい場所を選び、そこでいろいろなものと関係をつくった「意味ある世界」ということであった。コミュニティも共通の場所のなかに共通の考えや問題をもつものと関係を結び、共通の「意味ある世界」を構築しようとする組織体であった。社会もまた、前二者と比べはるかに広大にしろ、場所のなかに雑多な現実問題と関係をとりながら不特定多数のものと「意味ある世界」を構築したものである。すべては場所と関係なしには存在できず、どういう場所を知覚し、そのなかで何と関係をつくるか、どうつながり合うか、それが三つに共通の課題で、それらへの対応によってよき環世界、よきコミュニティ、よき社会が形成された。あるいは健康、健全なそれらが生まれた。

環世界にあっては自閉は生の澱みや停滞へとつながる。他者とのたえざる関係は必須で、世界という場所は新しいつながりで刷新されつづけられた。つながりで内部世界を充実しつつ、外部に向かって開くとき、環世界そのものがひとつの生命体として活気づいてくる。開くことは、危険を伴いながらも、場所と関係に爽やかな生気を送り込む。

コミュニティでも同様である。自閉するコミュニティは不透明、不明瞭で、内部そのものが自分たちのドグマや目的、思想、その排泄物で充満し、自浄能力を失ってゆく。コミュニティが健康、健全であるためには目的も思想も外部に通じるものでなければならず、通じるものであれば内から外へと開かれ、外部の支えや共感を得て、外部という公共性が内部へ入ってくる。開かれた内部は外部の共鳴を誘い、内部のつながりを充実させるだけでなく、外部との関係を緊密にし公共性を高めてゆく。内部という場所にとらわれず、内部での関係に終らず、場所も外部に開かれ、関係も外部と結ばれるとき、活気ある健康なコミュニティが生成、展開していった。

社会もまた同じ。特殊社会として自閉、自足せず、特殊であればなおさら外部社会に向かって場所を開き、関係をとり結ばねばならない。日本社会とか伝統社会、地域社会などとよく用いられるが、そう表現されるとき、社会は往々にして閉じられたものと考えられがちである。閉じたものとして理解し安心しようとする不健全さがそこにはある。社会を閉じたシステムや組織ととらえることなく、また閉じた社会を構想することなく、社会内にある者は、内部のつながりや関係を尊重しつつ、つねに外部に開かれている社会であるように努めねばならない。社会も生体、生命体である。安定したシステムに固執せず、外部に開いて異風をとり込んで内部のつながりや内的関係を更新し、内部の充実した清新な関係をもって外部へ働きかける開かれた社会、生成し変容をいとわない動態社会こそが健康で健全な社会である。

場所と関係に私たちは生きる。そして場所も関係も、内部に充実しつつ外部に開かれていることが、私たちの生存の場を爽やかにする。開くということ、開かれているということは、生命体に不可欠である。内・外に開かれていることが生存の場所、生存のありかたにおいて、不透明、不明瞭を退け、公明正大な健康さを導いてくれる。では開くとはどういうことか。

◆共同相互存在としての社会

私たちは環世界からコミュニティ、そして社会へと生存の場を拡大し、重層的に多様化した構造のなかに生きる。それらそれぞれにおいて場所を選び、関係をとり結んで生長、変容してゆく。ともに場所やもの、自然、ひとなどと関係し合うことが共通の姿勢であった。それらなしには生存は保障されない。

　私たち人間も生物と同様にそれぞれ主体となって「主体が環境の中の諸物に意味を与えて」自らの世界を構築している。しかも人間はひとりでは生存しえず、場所のなかにいろいろなものと「自分との関係を『クモの糸』のように紡ぎだし、自分の存在を支え」て生きている。ユクスキュルの言う環世界に生きる人間の姿勢、人間世界でのありようを、ほぼ同時代の哲学者K・レーヴィットは『共同存在の現象学』（熊野純彦訳、岩波文庫、二〇〇八）でつぎのように言う。

「世界とは、個々人の生を規定する共同世界、個々人にとって同種で同等な共同世界なのである。人間的な現存在はそれが『世界のうちに在ること《イン・デア・ヴェルト・ザイン》』によって規定され、世界内存在《イン・デア・ヴェルト・ザイン》は他方、『共に在ること《ミットザイン》』により規定されている。本来的な共同存在はさらに互いに共に在ること《ミット・アインアンダー・ザイン》を意味し、共同相互存在はまた『共に生きること《ツザメン・レーベン》』と同義である。」

　私たち人間がこの世界に在るということは、みんなとともに在ること、共同世界に在ることである。共同に在ることとは、生はみんなとともに営むということである。しかも生物が主体的に自らの選んだ環世界に生きるように、人間も「じぶんが存在しようと意欲するかぎりでのみ、確実なしかたでまた生きることができる。明確なしかたでみずからの生であろうとすることは、与えられたものを引きうけることを意味する。」人間も場所のなかに主体的に主観的に生を求め、みずから場所のなかに知覚し選びとったものを主体的に引き受けて生きる。それぞれの主体が関係し合う「生の統一体どうしの相互作用」が人間の生の様態である。しかも人間は他者との共同相互存在として在るだけではない。他者と関係し他のものと関係し、そして自分とも深く関係しつづける存在である。そのことをレーヴィットは「人間は本質的に三重の方向で、すなわち〔第一に〕他者たちあるいは共同世界に、〔第二に〕他の或るものあるいは人間外的な世界に、〔第三に〕じぶん自身に対して関係する」存在である、と言う。個々人はしかもいま生きている同‐時代に規定されるだけでなく、生きてきた歴史にも深く規定される。人間は場所に、他者に、世界に、人間以外の事物にも関係しつつ、かつ深く自分に関係して生きるもの、自分という主体を中心に共時的に通時的に共同世界のなかに生きる存在である。つまり「共同世界とは、私によって統一された他者たちの世界なのであり、私の共同世界」なのである。ユクスキュルの言う「一つの主体として」「それ自身が中心をなす独自の世界」と等しい。

独自でありつつ共同の世界にあって、人間は主体でありつつ他者との関係のなかで互いに役割を演じペルソナを規定し規定される。共同世界のなかにあってのみ自分が現に在るものになり、自他にそれを示すことで自分の生を自覚しうる。共同世界ではそれぞれ主体ごとに関係に応じて意味をもつことができ、互いの連関のなかに互いに諒解し合う。存在は共同世界にあってはつねに相対的であり、絶対的な即自存在たりえない。相対性こそ環世界、共同世界での存在のありようで、それが世界内に「共に生きる」共同相互存在ということ、開かれた存在ということである。それぞれが主体をもってそれぞれの生のスタイルをつくり、互いに他によってスタイルを規定し合い承認し合って、共同相互世界は形成される。それぞれは共同世界内にあって即自存在でなく自己も人格も役割もペルソナもつねに対他存在である。共同世界に開かれた存在であるがゆえに対他存在たりえ、そこに他に開かれた人間の人間たる本性、人間性がある。

「人格的現存在は、それが存在することで、つねにすでに、同時に他者と共に在り、また在るべきである。そのことによってのみ人間の現存在は、特種に人間的な現存在なのである。『人間性とは、他の人間の運命に関与することである。非人間的であるとは、他者の運命にすこしも関与しようとしない場合である。』(カント『倫理学』)」

レーヴィットはカントを引照しながら、人間が開かれた共同世界で共に関与し合うことで人間たりうることを強調する。自分を開きつつ互いに深く関係し合うところに人間性は生まれる。開かれて在ることが条件である。そこでは「信頼とは信頼‐関係である」と言うように、人間そのものの本性を決めるのも、生存のありようや生きる質、クオリティ・オブ・ライフを決定するのも、すべて関係である。よい関係がよい生、よい共同存在をつくる。よい関係とは自他や世界に開かれた関係ということである。開かれた関係が豊かな人間性を生み、相互信頼に裏打ちされた自由闊達な共同世界を育んでゆく。

◆「似合い」というバランス関係

私たちは関係的存在である。私たちが望ましいと願う関係は、共同相互世界において、互いに開かれた関係によって生まれる。開かれた関係とは一方に偏することのない釣合いのとれた関係、バランスのある関係、俗に言う「似合い」の関係である。もっと一般化すれば、調和とか共和とか、和親、和平、同和というふうに用いられる「和」の関係である。

私たちは相互に、共同に、同じ時空間に、持ちつ持たれつ関係し合って存在する。共同の時空間をみんなの共有の世界とするのは力関係でなく、力を超えたもの、特殊の力を相殺するものである。つまり個々の存在の均衡をはかること、バランスである。大きなもの小さなもの、力強いもの力弱いものなど雑多多様なもの同士、ゆらぎつつもバランス、釣合いを保つことが共同相互世界の安定の鍵であり、世界存続の本道である。いろいろなものが互いに「お似合い」の関係にあるとき、「和」に結ばれているとき、世界は穏やかな表情を見せ、なごむであろう。

「似る」とは①物の形状が見た目に同じように見えること、②ものの性質が同じように見えること、を指し、とくに③二つ以上のものが相応すること、適合することを言う。「似る」からすすんで「似合う」となると、①互いにふさわしいこと、バランスが保たれていること、「和」の状態にあること、②互いにふさわしい状態にあること、を言う。

生あるものは相互共同のネットワークのなかにある。ネットワークのなかではすべて生あるものは直接間接に関連し合っていっしょに生きつづける。生態学ではバランスや似合いは多くの場合、禁欲や自制、制御の下に維持されるという。共同世界で特殊な力を発揮しうるのは相互の願望が一致し力を合わせることができたときである。その場合は制御のバランスでなく、発散のバランスとなる。ともに生きているものが望みうる最良のネットワークをつくり、ネットワークがまたともに生きるシステム、開かれた関係をつくる。「似合う」「和する」ということはネットワーク・システムがバランスよく安定しているということである。ともに在るさまざまな生きものが直接間接に関連し合って、バランスよく存続しているのがネットワークの「似合い」「和」の状態である。それが共同世界のよきバランスシステムである。

男性と女性のよき関係を「似合い」のカップルと言う。「似合い」の夫婦とも言う。「似合い」の仕事、「似合い」の地位、「似合い」の職務など、能力や社会の役割でも似合いの関係は好まれる。人間関係だけでなく、「似合い」の服装、「似合い」のスタイル、「似合い」のファッションなど、ひととものとの関係でも似合いは重要である。自分にふさわしいもの、自分に相応する他者、自分の身体や精神にフィットした境遇や環境などに対して、私たちは「似合い」をつねに求めてきた。調和・相和を願ってきた。自分の生きる環世界や共同体社会にあって、似合うか似合わないかは主体による主観の判断である。自分の形状や行為、考えや情動が共同相互世界において似合い、和していることは重要である。似合う似合わないは当人の人格・人間性に関わることである。その判断は主観的でありつつ、しかも他の目からもバランスが保たれ、世界内を乱すことなく均衡よく安定していなければならない。時と状況にふさわしく「似合」い「和」していることが共同世界で歓迎された。それでこそ相互共同存在たりえた。互いが互いに「似合う」ことで互いを承認し合い、「似合う」ことで共同世界を釣合いよくバランスをとり、ネットワークを不平なくいきいきと安定させえた。古めかしく俗っぽいが、「似合い」とか「和」という思想は、いろいろなものと関係せずには存在しえない人間が、生の根拠から生み出した本然の知恵である。ユクスキュルやレーヴィットの考えと通じ合う現実知である。

私たちは共同相互世界にあって、自分自身について他者から知り、他者については自分自身をもとに知り、評価する。他者をめぐる評価のうちには評価する者自身が映し出されており、その自他の相互関係が生きる時空間と状態をつくる。自他の関係はバランスによって維持され、つねに修正し合ってよりよい均衡を保つべく働く。それが共同相互存在にある者の関係のホメオスタシスである。

共同相互世界の力学はホメオスタシスである。似合うか似合わないか、和しているか不和か、自分で評価し、他者が判断し、それぞれの評価、判断がつねに「似合い」「和」の状態へと関係を作動させてゆく。場所にふさわしい「似合い」の状況をつくる。状況に適合した「似合い」のことを用意し、季節や時候、時間に適切な「似合い」の装いや演出をし、参加する人びとやもの、さらには事象・現象にも「和」した「似つかわしい」環世界をつくることで、世界にフィットし上手に生存することができる。関係のありかたを場所のなかに読みとる力と、ホメオスタシスがそれへと導く。似合いでないこと、似つかわしくない事態、和平でない状態が生じれば、バランスを保つべくホメオスタシスが働き、平衡状態へと修正される。自他ともに認める「似合い」「和」の状態、バランスのとれた時空間が安全で安心できる共同相互世界である。そこでは特定の者が利を占めることなく、自利は十分に発揮しえないにしても、互いに利を分け合い共有することができる。よい環境、生きられる時空は自他がともに「似合い」と認識するところにつくられ、自他ともに納得されるのが「健康な」状態である。健康とは世界内が非対称でなく、バランスを保ち、互いに他を圧倒することなく「似合い」と認め合った状態のことである。開かれた社会に健康な「似合い」の「和」が形成される。

◆「似合い」と「和」の関係学

生きるのもくらすのも人間は場所内である。そしてそのなかで人間同士ならびに他のさまざまなものやことと関係し合って存在する。生きることは仏教でいう縁《えん》、場所に結縁《けちえん》し諸物と縁を結ぶことである。関係である。そして「似合う」「和」するということは、場所に似つかわしく調和して存在すること、関係するものが互いに似つかわしいこと、バランスが保たれていることである。「似合い」は場所内において、とくに関係において、生まれ育まれる。

生態学は関係の学である。微生物は微生物同士、植物は植物同士、動物は動物同士、人間は人間同士関係し、それぞれの関係が微生物生態学、植物生態学、動物生態学、人間生態学を生み出し、さらに微生物、植物、動物、人間が相互に関係し合って生物生態系を構成する。微生物から人間まですべて生あるものは、相利相害や片利片害や中立拮抗など、とりどりの関係を結んで、相互依存的関係に在る。とりわけ人間の生存のありかたを考えるとき、これら微生物、植物、動物との諸縁、諸関係を抜きにしては成り立たず、人間生態学はそれら個々の生態学の統合の上に、さらに諸学を関連づけて構築されねばならない。

しかも人間はそれらと関係するだけではない。人間は生物的存在にとどまらない。人間は場所に関わり、その場所はまた自然的な場所というだけでなく、人間が長期にわたってつくり上げた歴史的場所、文化的場所でもある。そういう歴史的文化的産物としての場所の内に人間は生存し、そこでコミュニティや社会という関係集団をつくり、物質文明や精神文化をつくり上げ、さらにつくり上げたものと関係を結びつつ、場所を育み、自らを育み、自らの環世界やコミュニティを形成してきた。他の生あるものを含む自然、人間がつくった自然や景観、社会や歴史や文化、その他あらゆる形成物、生産物とも関係し合って、互いにつくりつくられるのが人間の生きるということである。

これらあらゆるものとの関係が人間の生態であるが、その錯綜した関係を大きく分類すれば二つの系と考えることができる。一つはドイツの動物学者、E・H・ヘッケルの言う関係の学としての生態学の系統、もう一つはあらゆるものが関係し合う場の学としての地理学の系統である。あらゆる生命体は諸物との関係に生きる。一つめの生きものの互いの関連を見る生態学は、関係学である。人間は（もちろん他の生きものも）場所に生きる。自然形態から景観、社会、地政、文化、精神的な営みまで場所内の諸現象を関係としてとらえ、さらに場所間の関係を見つめるのが地理学で、二つめの地理学も関係学である。関係学としての生態学と、関係学としての地理学、この二つの系統を統合したところに、関係学としての人間学が立ち現れてこなければならない。人間関係学である。人間は関係のなかで関係としてとらえなければ、あらゆるものとの共同相互存在としての人間の内面も外面も明らめることはできない。人間の生存のありかたもまずは（場所的）人文地理学的、（生物的）生態学的の二つの面から、関係的存在、関係的現象として問われねばならない。人間の学としての生存科学は広義の地理学と諸生態学を統合した関係の学である。

場所や環境を含めあらゆるものとの関係のなかに生存する人間が、人間の社会が、健康であるとはどういうことか。人間はひとや生物や自然や社会や世界、さらには神仏や自分自身など雑多なものと関係するが、それらの間に結ばれる関係そのものが、掠奪や支配関係でなく、安心安全、平穏安泰、調和和平、さらには快適であることが、よい関係である。関係するものが他を犯さず、中立、あるいは相利関係にある「似合い」と「和」の関係が、関係するもの同士の望むところである。それが健全な関係であり、ひいては健康ということである。

◆ウェルビーイングを導く関係の学

ひととひととの間にも似合いの関係をつくり、ひとと社会との間にも相利の親和関係、安心関係を結ぶ。場所や環境との間にも似合いのところを見つけ、あるいは修景して似つかわしい場所・景観を育む。雑多なものとの関係もバランスを考え、身の丈《たけ》に似つかわしい配慮をする。そういう気くばり心くばりで場所やものなど諸物とつき合い、縁を結び、関係し、和楽することが関係の健康ということである。似合いや和の関係は気づきに育まれる。繊細な気くばりはあらゆるものと関係し、あらゆるものとともに生きる基本作法である。その基本作法を心得て健全な「似合い」と「和」の関係づくりをするのが、関係の学としての人間学の基本の作業である。

まず自分を見つめ、自分に似合う姿勢をつくり、自分に似合うことをする。社会のなかにあって社会との関係を見きわめ、身の丈に合った似合いのポジションにあって似合いの役割をする。ものや建築、都市などハードなものとのつき合いでも、造る側使う側いずれにあっても、バランスに気をくばり「似合う」こと、まわりに「和すること」、他を侵害せずバランスと相利や共生をはかることに配慮することが基本心得である。

似合うということ、和するということを知るのは平衡感覚、気づきと気配りである。他のひと、ものなどとの間に共通感覚をもつことである。そして気くばりの感覚は開かれた身心に培われる。内部を充実しつつ外部に開くことで関係は明るくなり健康となる。公共性ある関係は似合いをつくり調和を導き健康をつくる。

私たちの生きる場所には自然、歴史、習俗、文化が厚く堆積している。その場所とつながることを誇りとする、それが場所との健全な関係であり、そこにG・バシュラールの言う「トポフィリ」（場所への愛）によるよき場所が育ってゆく。共通感覚で培われた場所の上に文化や社会などが育ち、さまざまな関係が生まれる。関係とは社会資本である。いろいろなものやこととつながることは社会関係資本に守られているということである。自利にとらわれず外に開かれた心くばりで互いにつながり合う力、和する力、そういう社会関係資本をわきまえて共同相互存在として生きることが、「社会内存在」たる人間、すなわち「社会」人である。個として内部を充実し他者と和して似合いのつながりができる人間、自立しつつ社会のなかに自分を開き、分を知って自分に似合うポジションを公共圏に見出す人間、つまり公的社会のなかに似合いの存在たることを正確に自覚しうる人間が「社会」人である。開かれた社会内存在たる「社会」人が、ホメオスタシス機能となってとかく不健全不健康に陥りがちな社会を健全健康へと前進させるであろう。開かれているがゆえに「似合い」の関係、「和」の状態も気づかれる。似合いと和は健康な開かれた身心に生まれ、似合いと和を求める身心が開かれた健康で健全な社会へと誘導する。そしてまた健康で健全な社会が似合いと和を増殖させていく。それが健康な社会、社会の健康な様態である。

古くから言われていたことば、「似合い」や「和」の類似語、「似つかわしい」とは、場所のなかによい関係をもって在ることであり、「なじむ」とは、硬い絆での関係でなく、場所のなかに柔らかい関係と姿勢でともに在ることである。存在するものが場所内にいたずらに自己主張しないもの静かな姿勢とたたずまいで在ること、その状態が健全な社会、世間とされ、そこに培われるのがウェルビーイングとされてきたのである。ウェルビーイングは動的平衡である。つねに場所に創造的に参加し、いろいろな関係を協働で共創していくところに、個々人と場所と関係そのもののウェルビーイングがじっくりと熟していく。

◆京都祇園祭に参加して

祇園祭の季節がやってきた。山鉾《やまほこ》町の頭役《とうやく》に当たった主人は町内の人びとを集めて、今年はどんな山を出すか、相談を始める。頭役としてまず鯉の滝上りのつくりものはどうかと提案する。みんなが賛成しそうになると、下人の太郎冠者がそれは鯉山の町がやっていると口を挟んで否決。次いで五条橋の上の牛若丸弁慶のつくり山はどうかという案が出、決まりそうになるとまた太郎冠者がすでに橋弁慶の町があると注意し、これまた否決。つぎつぎと案が出、決着しそうになると太郎冠者が口を挟み、これまでの失敗例を挙げるので悉くボツになる。主人は太郎冠者に引っ込んでいろと叱りつけるが、町内の者がとりなし、逆に知恵者、情報通の太郎冠者の案を聞こうということになる。太郎冠者は山の上に賽《さい》の河原をつくり、鬼が罪人を責める場を提案、渋面の主人をよそに、それが面白かろうとなって、早速、鬼、罪人、囃子方などの諸役をくじで決めることになり、鬼は太郎冠者、罪人は主人となる。不服の主人をなだめ稽古が始まる。日頃と上下関係が逆のこととて、舞台はギクシャク、笑いと混乱へ……。狂言「くじ罪人」である。近世初期の京都の町内会の雰囲気、祇園祭の準備の仕方、町の自治、主人と下人の関係など、町内の様子が笑いのうちに甦ってくる。祭事となれば上下関係なく、公平平等で、祭りが準備段階から町内をひとつにまとめ、町をあげて趣向をこらし祭りを盛り上げていくさまが実況のごとく演じられる。祇園祭は室町時代から町の連帯、結束、自治を推進する町内の社会関係資本であった。そして祭りに向かう町内会の雰囲気は現在のそれと変るところはないのである。

祇園祭はどのように行われてきたか。平安遷都（七九四）の約百七十年後、九七〇年、疫病や怨霊の祟りなど御霊《ごりょう》を畏れる時代風潮のなか、それらを鎮める御霊会《え》として祇園会《え》は始まったとされる。中古・中世にかけては怨霊と化した御霊、度重なる天災人災の元凶たる精霊を鎮撫するための神事が中心で、三基の神輿に十三本の馬上鉾《ほこ》、五頭の神馬が従い、そのあとに獅子舞と巫女の神楽、田楽の芸能行列がつづいた（平安末期の「年中行事絵巻」）。馬上鉾は御霊鎮撫の武具で、馬上役は洛中の富者が勤めた。当初から官祭でありつつ町民も役を荷い、踊りや見物、囃子という形で参加した。上下融和し、神事と芸能の混和した祭事であった。都を襲う悪霊や凶事を祓うに上下の隔てはなく、都という場所の安穏を願う共通の祭事であった。

「くじ罪人」に見るような山鉾が現れるのは中世半ば、南北朝時代で、鯉山や橋弁慶山のように固定した山をもつ町、年々新趣向の風流をこらす町など、夏に向けての悪霊退散願いの祭事は町の発展並びに自治力の活況につれて年々賑やかになり、除災祈願もさることながら、町衆町人が町ごとに心意気を競う場となっていった。心を合わせ、知恵を集め、資力を併せて、わが町内の健全と活気を祇園感神院に祈り感謝し、元気な趣向を神に見せて神と人との和諧をはかった。町人主役となった観のある祭りに公卿も陰に陽に参加し、官と民、上と下、町と町とが競い合うことで町全体が盛り上がり、神輿と山鉾の共演、神事と直会《なおらい》の合演によって御霊は慰撫され、都を清新の気が洗い浄めていった。神・人ともに甦った。とかく戦災・戦乱の犠牲になる地だけに悪霊や凶事には敏感で、町人たちは上からの庇護は苦い歴史体験から期待できぬことを知り尽していた。自らの生存を守り町を守るのは自分たちしかなく、町内の自治、連帯、結束、交歓の力を日ごろから自覚し実践してきただけに、その成果を見せる山鉾への思いは格別なものがあった。山鉾は町の、居住民の、祈りや願いなど思いを集約・結束した表現であった。山鉾は先人も含めみんなが関係し協働してつくり上げる町内の象徴、町内のトーテムであった。

こつこつと町内ごとに築き上げてきたトーテム、町ぐるみで盛り上げてきた祇園御霊会は、またも都が戦乱に巻き込まれ、中断してしまう。十年に及ぶ応仁の乱で、都の中心部は焼土と化し、祭りが復活したのは三十年も後の一五〇〇年であった。乱前の活況は甦らなかったが、町内ごとの努力、工夫、競合のもと、近世を通じて徐々に復活していく。幕末から維新期にかけて数次にわたる大火で焼山が続出、そのうえ廃仏毀釈や太陽暦採用による混乱もあって、落着きをとり戻すのは明治十年頃となった。その後も祇園祭は運営上、山鉾町はやりくりに苦労の連続で、昭和十八年には非常時下で中止、昭和二十二年、ごく一部の鉾のみが復活、以後も町内住民の減少、山鉾町の構成の変質などのために問題が続出する。昭和三十年ごろから観光色を濃くし、さらに鷺舞や花傘巡行など諸種の趣向も加えて、町内行事から京都市あげての行事へと変容をはかりつつ、今日に至った。町内のトーテムはいまや京都市のトーテムとされ、官と山鉾連合会の合同行事、神事よりも観光イベントとなった観すらある。実情はどうか。

◆祇園祭をとりしきる社会関係資本

祇園祭は現在どう行われているか。祇園御霊会は神事を中心としてそれに奉納芸能が付き従う形であったが、山鉾が町内のトーテムとして町内の祈願をこめ心意気を表わすものとされてくるにつれて、神事や神輿よりも山鉾の方に町民の関心は移っていく。祇園祭は祇園感神院（現、八坂神社）の祭りで、神事を執り行い、支えるのは神官・神職と氏子地区（氏地）の氏子による講社である。神事には七月一日から七月二十九日までの約一か月間、神事用水清祓、神輿洗、神幸祭、還幸祭、神事済報告祭など諸行事があり、それらに神官ともども参加するのは宮本講社、清々講社、八坂神社青年会、清風会など氏子団体や有志の会である。三基の神輿を担ぐのも三若神輿会、四若神輿会、錦神輿会の氏子団体と、それらの委嘱する氏地外の青年会である。神事は神社とその御神霊を乗せる神輿を中心に、神官と氏子の協働によって、さらに神輿の氏地巡行では氏地住民の支援も得て執り行われる。神事は神職という専門職が主、氏地住民が支え、従となる行事である。

神事に対して山鉾巡行は氏子町、山鉾町の氏子住民が中核となる行事である。鉾や山の維持管理から祭りに際しての鉾建て山建て、宵山、巡行へと続く行事一切が、山鉾町の住民を中心に、大工方や車方、山の曳手《ひき》や舁手《かき》、囃子方《はやしかた》や手伝い方《かた》など町の内外からの参加協力を得、さらに八坂神社の神官の協力を仰いで執り行われる。各山鉾町、山鉾連合会、清々講社、宮本講社、祇園万灯会、祇園祭協議会の協調のもと、京都市文化観光局、交通局、府警察の支援もうけ、さらに八坂神社の神意をいただいて、六月下旬の長刀鉾の稚児《ちご》決定の晴れの行事から粽《ちまき》づくりのような裏方仕事、七月末の祭りのあと片付けまで、男女老幼それぞれがふさわしい役割を演じて町内の総意結集の行事となる。山鉾巡行を中心とする行事は神事というよりも町内の連帯結束をはかり、町内の健全と繁栄を寿ぎ、それを内外に示す祭事ショーである。住民が中心部から減少していくなか、保存会や連合会の存在は町を結びつけ神事と町をつなぐ蝶番《ちょうつがい》役である。それをさせるのが八坂神社の神威・神霊であり、住民力と歴史伝統力である。

ここでは祭りは個人祈願のものではなく、町内、居住地、氏地のため、そのいや栄えのためのものであり、町の自治、町の健全、町内の融和と発展を町内ごとに示し合い競い合うショーである。神社と氏子、氏子と氏子、鉾町と山町、それにふだんは仕事を異にする者たち同士など、祭りのための協同作業や交歓を通してそれらの関係が見直され、補修され、改めて町内との結びつきが自覚され、町内が更生、刷新されていく。すでにあった町内会という社会関係資本が祭りへと住民を誘い出し、盛り上がるにつれて祭りが社会関係資本を新しく創り出していく。太郎冠者をもとり込んで新しい活気を呼びこんだように。

祇園祭はこのように神社を核とする神事と、氏子町・山鉾町を核とする町民行事の二重構造で今日まで執り行われてきた。神事と住民行事が支え合い協働し張り合うことで、双方ともに活気づけられ、意味も付与されてきた。神意のサポートによって氏地は浄化され精彩をおび、氏子の心意気によって神霊も神社もより活力・威力を甦らせた。祭りは人間社会において、神、場所、ひと、集団など異質、多様なものをとり込み、関係づけ、融和させ、それらによって平時にない力を、関係するものや場所に賦与することができた。祭りは人知の所産でありながら人知を超えたものを生み出すのである。古めかしく、表面化することも稀とはいえ、祭りに潜むスピリチュアルなもの、いまはやりのイベントなどには見られないもの、霊的なもの、その力である。

◆琉球の伝統的祭事に接して

本土の最も由緒ある祭事から一転して同じく古式をとどめる地域の祭事の典型事例に接してみる。まず八重山諸島の一つ、竹富島を訪ねる。竹富島は、規模は違うものの京都と同じく観光化が著しいが、それでも京都が神社も祭事も伝統をとどめているように、祭事の行われる御嶽《ウタキ》も神事もよく古式を維持しているところである。竹富島では神司《カンツカサ》という祭祀をとりしきる女性に近いところで祭事に接することができた。神司の一日はまず家の祭祀から始まる。火の神や屋敷神や厠《かわや》神を拝し、祖神を拝む。かつては他に関帝や観音や福禄寿などを祀ることもあったという。家の内外は先祖の霊をはじめ場所の神や福神によって見守られており、それらに感謝し祈るのも家刀自《いえとじ》である女性の役割である。本土では日々の家の祭祀は殆ど廃れてしまったし、ときに行われても一家の主人、男性の仕事とされた。女性が家を守り兄弟を守るところにオナリ信仰と祭祀の原型をいまに見ることができる。家の神、祖霊への信頼は篤く、琉球における個人的祭祀は先祖とのつながりを大切にする祖先崇拝であって、一個人の招福除災などの祈願は殆ど見られない。一家一門意識が個人に優先し、タテにつながること、血縁というつながりは琉球の人びと、土地を貫く心である。

琉球では個人の祈願はなく、血縁による信仰の他は地縁による信仰が専らである。社会関係資本としての祭祀・祭事をとらえるときは、血縁という結束固い小集団も重要だが、地縁のつくる祭事がより大切である。地域に住む者にとっては家の祭祀よりも集落の祭祀がより重視される。竹富島でももちろん海路の安全や豊作豊漁など生業への祈りの御嶽も多いが、島民にとって最も大切な場所は集落を見守る御嶽である。波座間、仲筋、幸本、久間原、花城、波《ハ》レ若《ワカ》のムーヤマといわれる六つの御嶽で、ムーヤマはそれぞれ本土でいう氏子をもち、集落氏子が祀る集落の聖所である。祭祀は神司や巫《ノ》女《ロ》がとりしきり、御嶽最奥の至聖所イビには神司以外は入れない。神司は所属の御嶽で、一月の種子入り願い、二月の芋願い、四月大願い、六月のオンプイ、トゥニプイ、九月大願い、十一月長月願いなど、夜籠りして祈願し、あるいは御嶽を村の役員を従えて巡拝し、集落の無事安全と島の繁栄を祈る。御嶽での祭祀はすべて個人の祈願ではなく、集落の、氏子みんなのための祈願で、巡拝しては島全体の安寧祈願となった。祭祀のあとは御嶽の広場で神司、役員、氏子総出のささやかながら親密で賑やかな直会があった。氏子は個としての氏子であるよりも連帯結束することで氏子たりえ、地縁によるひとつのつながりとなっての祈願こそがムーヤマの祭祀である。集落という地縁の幸《さち》が個の幸に優先するのである。島ではひとりでは生きられず、血縁で守られると同時に、地縁で承認され相互保証され守られるのである。地縁優先社会は小さいながら社会関係資本優先社会である。

小さな地縁は島では互いの協調や助け合いがなければ確保しえない。個の主張は許されない。ムーヤマでそれぞれの集落地縁を守りつつ、それら六つの集落は協同で島を盛り上げていかねばならない。ムーヤマの他に島ぐるみを統合する清明御嶽、世持御嶽、西塘《とう》御嶽の三御嶽では、ムーヤマと違う祭祀が執り行われる。これら三つの御嶽は氏子をもたないが、四月大願い、結願祭、西塘大祭、種子取り祭など島全体を盛り上げる祭事が行われる。それらの祭事では神司たちによる神事も重要であるが、より力を入れられるのは直会ともいうべき神事の後の奉納芸能、芸能大会である。集落ごとに芸を競い合い、競い合うことで祭祀場を熱狂につつみ、異化し、集落が互いに融和して島全体がひとつの異空間と化していく。ちょうど祇園祭で厳かな神事・神輿巡行のあと、山鉾町が飾りたてた鉾や山で趣向を競い、囃したて、氏地を異化していったように、島でも神事のあとの奉納芸能の競演は祭事の花となった。神事が芸能を誘い、芸能が神事の荘厳をより高め、かつ訪れた神や祖霊を元気づけた。大都市と小さな島、規模は全く違うものの、祭事の二重構造は共通で、二重構造なるがゆえに祭事は祭神にも氏子にも氏地にも力となりえたのである。しかも祭事の二重構造の下には、ムーヤマの祭祀、さらにその下には家々の祭祀という多重構造があり、それら重層の支えが三つの御嶽での島ぐるみ祭事をより緊密な統合祭へと盛り上げるのである。個から集落へ、島全体へと広がるにつれ祭祀の力も大きくなっていく。

◆コモンズとしての祭場・祭事

竹富島の祭祀からも窺えるように、琉球では、特に島嶼《とうしょ》部では御嶽が信仰の中心、地縁をつなぐ中核であった。御嶽は高良勉も言うように（吉本隆明他『琉球弧の喚起力と南島論』河出書房新社、一九八九）、太陽・月から海、火、風など自然そのものへの信頼と感謝の表明の場であり、それらと交信・交歓する大いなるつながりの場である。御嶽の空っぽの浄地は人びと、家々、集落をつなぎ、自然から人間社会までのいろいろな関係を秩序づけ、その暗黙の諒解、暗黙知を人びとに、集落に、土地に、ハビトゥスとしてしみ込ませていった。それをとりしきるのは女性で、上からのまなざしでなく、男性を守り家を守るオナリとして、自然や聖なるものや祖霊などと交歓しうる世話人として、いろいろなものをつないできた。女性は琉球ではいろいろなものをつなぐ天性の媒介者であった。家にあって、家の祖神以下、諸神を祀り、家を守るのが女性であったように、女性は「つなぐもの」として、経済や政治の力のように外には表れにくいが、琉球の社会を、心を、つねに支えてきた（比嘉政夫『沖縄の親族・信仰・祭祀』榕樹書林、二〇一〇）。琉球では本土でいう抽象的な「宗教」というものはなく、教義もなく、「信じること」「信じる心」が、家にあっての、とりわけ共同体や島にあっての生きる作法と化していた。宗教でなく信仰である。その中心につなぐもの、媒介者としての女性があり、御嶽があった。祭祀は媒介者によって、媒介する場所で行われ、祭祀が人びとを、集落を、島ぐるみへと媒介していった。媒介するものは俗事を離れた女性であり、欲望を入れない空っぽの浄地、御嶽であった。

過疎の島を無人島とさせないものも女性、御嶽、そしてそこで催される祭事であった。琉球弧の諸島を土地の心を汲みとるように巡礼を繰り返してきた岡谷公二(『南の精神誌』新潮社、二〇〇〇)は、本島北部の諸処の海神祭やシヌグ祭、伊平屋島の海神祭、石垣島宮良の祭りなど数多くの土地の祭事に親しく参加した。その一例。限界島に近い鳩間島の豊年祭は「年一度の島をあげての大祭であると同時に、今では島外に出た人々が一年に一度出会う一種の同窓会の場」と化す。御嶽での神司による神事のあと午後は村の広場での演芸大会である。演芸と称してもそれらは儀式で、歌も踊りも神への捧げものである。奉納芸の最中、「頭にクバの葉を巻く司《つかさ》とチヂリビを先立て、十人あまりの人々が島建ての歌である『元シラバ』を歌いながら」現れる。司はここでは神であり、行列は神の来臨である。芸能も祭事であり、酷暑のなか主だった人はみな背広、ネクタイの正装である。神の来臨のあとも弥勒踊、棒踊などが続き、そのあと東村西村の競漕、爬竜船《ハーリー》が行われる。そして最後、広場の元の席に戻った司とチヂリビの前で東村西村の人たちが神歌を歌い、全員が深々と頭を下げる。祭事一切は芸能も爬竜船も含め神への奉納である。厳粛と殷賑のうちに島が融合し、島外のものも一体となり、交歓と共演のうちに島は活気を帯びて甦る。祭りは清々しい甦りの野外神聖劇であった。

竹富島に比べてもさらに小規模な祭事であるが、ここにも遠く京都の大祭、竹富島の祭りと気持ちにおいて構造において相通じるものがある。御嶽や神社のもつ力、核としての氏地・集落あげての祭事の力である。祭場と祭りの力を借りずには集落・共同体の存続はありえなかった。かつて柳田國男は日本人の心の荒廃を感じとり、神社や祭りへと誘った。柳田は氏神、産土神を日本の神社の原初の形とし（「日本の祭」、「氏神と氏子」）、それらは「共同体の最も貴い構成部分」で「村の協同」の支柱で（「日本の祭」）、「村の統一、住民を仲良くさせる為に、同じ日同じ刻の祭を必要とした」（「氏神と氏子」）と言う。先祖をともにする者、土地や場所を共有して生きる者、それら血縁・地縁によってつながる者を包摂し関係づけるものが氏神、産土神である。その小さな氏神を守るのが土地に住む氏子であり、氏子たちの安泰を見守り共同体の連帯を強め結束を固めるのが氏神であり、そこでの祭事であった。しかも、琉球の御嶽が自然の諸霊や祖霊を迎え歓待するところであるように、氏神は祖霊と交信するだけでなく、場所の諸神や地霊とも交歓する共有地、コモンズであった。氏神をもたない集落、共同体はほぼ存立しえないのである。しかし氏神や神社、祭事は住民にプラス作用だけでなく、ときにはマイナス作用、暴力を揮うこともあり、居住空間、居住のありかたに大きく作用しつづけてきた。

◆祭事は誰のため、何のためのものか

かつて朝鮮や満州、台湾、東南アジアの植民地に続々と新設された神社、鳥居は在来の住民には恐怖のトーテムであった。それへの崇拝を強制され、それを介して日本という国、天皇への忠誠と服従を強いられた。それは土地に存在するものすべてを縛りつける拘禁装置であり、そこで日本人によっ

て執行される祭祀への参加強要も、意味が不明あるいは反感を覚えるものだけに、拷問であった。しかしそれをつくった側には土地占拠のシンボルであり、精神統率の具象化であった。祭場も祭りもこういう恐ろしい側面があった。それほど祭場も祭りも力、呪術的とすらいえる力があるとされてきたのである。

植民地の区々の土地を統率するために神社が新造されたことからも明らかなように、土地を拓いたり新しい土地に入植する際に、まずつくられるのは、氏神、神社であった。雑多なもの、いまだ親和せず協同に達していないものを統合するには、M・エリアーデ（『聖と俗』風間敏夫訳、法政大学出版局、一九六九）もいうように、中心軸となるトーテムが必要で、日本の場合、古くは土地の目印となる森、山、巨樹、巨岩などが宇宙軸とされた。大和や山城、近江の国などに多く見る山口神社、琉球の御嶽、オンなどその典型で、そこを軸とし拠点として宗家から分家へ、下々へと居住地は整理統合された。森や山や巨樹は固有の意味をもたず、天と土地を結び、大いなるものや時空を超えたものと交信する回路である。意味がないだけに特定のものだけに利用されることなく、土地に在るものすべてに開かれており、土地そのもののシンボルとなりえた。本土の神社も、古くは現在のように諸神を物々しく祀ることなく、山を背にした更地、森のなかの空っぽの地、巨樹の前の空地が祭場、斎庭《さにわ》とされた。何もない空っぽこそが浄地で、そこは個人の欲望で汚されないために、御嶽同様、祭祀時以外は不入禁足地であった。祭事は無垢の浄地に神や霊を迎え、感謝しつつ、神意や霊告を聞き取ることである。氏神、神社という空間、祭事を行う斎庭・祭場は人間のための空間でなく、神や霊のための神庭であり、それらと人間が交信交歓する空間であった。ちなみにここで言うカミ、神とは、本居宣長の平凡にしてゆるぎない定義、「尋常《よのつね》ならずすぐれたる徳のありて、可畏《かしこ》きものをカミとは云ふなり」とする。人間の尋常感覚を超越したもの、非尋常と感じさせるものをカミとする。それに柳田國男の言う氏神、先祖霊を含みこむものとする。祖霊を含めて自然界に感知する霊的なものを祀る琉球では、宣長と柳田を併せた神観念はまさにふさわしい。

神・霊の降臨する空間で居住民は何を意図し何を執行しつづけてきたのか。祭祀・祭事の主旨・目的は何であるか。祭祀・祭事はまず居住する場所、地霊への感謝、いまこの世に在ることへの祖神への感謝である。ついでそれらへの祈願である。清明な心身となって、自らの無力非力の自覚のもと、清浄の斎庭で神に全幅の信頼を示し神に呼びかける。祈願は氏地の生業の安定や豊作豊漁、氏子の健康や集落の安全など、四季を通じ日時を決めて行われる。祈願の祭事は新年から春にかけて多く行われる。祈願に対し感謝の祭事は秋に多い。祈願したことが叶えられたことへの感謝で、竹富島では種子取り祭が祈願の祭事、結願祭は感謝の祭事である。祈願と感謝は対の祭事である。

ついで除災招福・鎮魂供養を目的とする祭事である。人間の力ではどうしようもない天災、さらに人災や病災を除き、悪鬼邪霊や御霊を鎮撫し祓除する祭事が、それらが多く跋扈する時期、夏祭、夏越祭として行われる。祇園祭は病気祓い、暑気祓い、そして夏をのりきるための祭りである。

四つめは賦活・更生を意図するものである。人間の個々の営みも集落の営みも坦々と持続するかに見えて時間とともに衰え生気を失っていく。営みが刺戟を失うと元気が失われていく。持続は停滞をよび、停滞は不活性、不健全をよぶ。そこで生気賦活の祭事が執行される。生の沈滞を防ぎ、生の刷新、集落や氏地そのものの活性化のために、日常の営みをいったん中断し、日常でないこと、超常的なことを演出し、日常時空間に介入させ、日常そのものを洗浄し異化するのである。カーニバルやばか騒ぎ・乱痴気騒ぎも祭事で、非日常的なことを日常に挿入することで日常も、日常の生そのものも浄化され、刷新、更生させることができた。近年、各地に新しい祭りが町おこし、地域おこしと称して創られているのも、この祭事の考えにあやかり、生気の賦活をはかろうとするものである。言うまでもなく経済効果という欲望が見えすいているだけに定着の可能性はきわめて少ない。祭事はイベントとは根本から質を異にするものである。

このように祭事の基本主旨は、感謝、祈願、除災招福・鎮魂供養、賦活・更生の四つで、それらが家の祭祀から土地の祭事、都市の大祭まで、一貫して通底していた。祭事は人間集団が、人知・人力をわきまえ、人知・人力の限りを尽して、人知・人力を超えた存在と交感する営みであった。

宗教に個人宗教、群衆宗教、場所宗教という三つの傾向があるように、それに即して個人祭祀、群衆祭祀、場所祭祀がある。個人宗教・祭祀は個人の願いごとを専らとするもので、本土に多く、琉球では新築や航海、旅行安全などの祈願はあるもののきわめて少ない。群衆宗教・祭祀は、初詣や七福神巡り、流行神詣《もうで》など群衆の一員となって気楽に参加し、おみくじに一喜一憂するような娯楽遊興的なもので、宗教離れのなかマスメディアの後援・宣伝もあって目下賑々しい流行宗教・祭祀現象である。場所宗教・祭祀は土地に根ざした氏子によって信仰され祀られるもので、個人祭祀や群衆宗教とは質も姿勢も異にする。宗教は近代以降、個の救済を重視してきたが、また自覚的人間形成に導こうとする仏教の一派もあったが、氏神の起源に見るように、神社は土地のため、場所に居住する人間のために創られ、場所の安寧と氏子の連帯結束のために祭祀が執り行われてきた。産土神や氏神から神社へと展開しても、神社は基本的に場所宗教であり、場所祭祀である。御嶽も神社も場所とともにあり、場所とそこに在る者と表情を共有し、場所や氏子と盛衰をともにしてきた。かつて明治末期、乱暴な神社合祀令に南方熊楠は敢然と立ち向かった。人間に不可欠の大地への帰属の感情を破壊し、「住民の和融を妨」げ、「地方を衰微」させ、「国民の慰安を奪い」「古伝を滅却」し、「天然風景を亡滅」するからである。神社のもつ場所性への警告であった（南方熊楠「神社合併反対意見」）。日本の宗教・祭祀の特性はこの場所性にこそある。そのため祭祀の構造や執行作法を見る場合も、この場所性からの観察でなければならない。家刀自《いえとじ》による家の祭祀も屋敷という場所、御嶽も祇園八坂神社もその祭祀も氏子のいる氏地という場所との関連の考察でなければならない。

◆祭祀・祭場が場所と関係を賦活する

場所祭祀はどのような構造と次第をもつか。個人や家レベルの祭祀、氏子や集落レベルの祭祀から、集落・町内の連合レベルや島ぐるみのような地域統合レベルの祭祀まで、まず共通に神迎えという神事から始まる。浄化された空間において、神官や神司、巫女など精進潔斎した者により、笛篳篥《ひちりき》の演奏のなか、神に祈り、神饌を祀り、神の来臨を仰ぐ。神迎えである。御嶽での夜籠りなど、神祀り、神迎えの元型である。神は御嶽ではイビに降臨し、八坂神社などではよりしろに降臨し神輿に遷される。ついで神霊を宿した神輿の渡御、行幸となり、氏地を巡行して神霊の加護ある場所へと氏地を浄める。氏子と氏地は神輿を拝むことで神霊と接し、神威をいただく。御嶽の神事では神司に神意が感得され、神意は氏地に、さらに島全体に伝えられていく。神輿が神社へと還幸する神送りで神事は終る。ここまでが神を迎え、神意を聞き、神威をいただき、そして神を送るという神祀り次第である。その間、神楽舞や、棒踊、巫女舞や神歌が神に献じられる。鳴物や囃子や掛声なども単なる賑わしや活気づけのためではなく、神への共感、神迎えの表現で、神人一体化の発露である。神事の済んだあと、祭事は厳粛さから無礼講へと急転する。神に供えた神酒・神饌が下げられ、神事を勤めた者、神事の参加者ともどもそれらを飲食する。同時に神を喜ばせ感謝するために諸芸の競演があり、拝殿や舞殿や神庭はさながら芸能舞台となる。神は日常のなかには姿を見せない。無礼講のはめはずしの宴と化したところを喜ぶ。神と人との共食共飲により神威を身におびたものたちが演じる歌舞音曲は日常の芸能とは違ったものと化し、直会そのものがもうひとつの神遊びとなっていく。「お神酒あがらぬ神はなし」の俗諺通り、神事と直会は祭事の表裏である。祭事は神酒も媒介にして、神事と直会という二つのものを重ねることによって、神と人をつなぎ、神と場所、神と祈願をつなぎ、人と人をつなぎ、日常と超日常をつないだ。祭事はこのように場所にあるものをつなぎ、媒介することを主旨とし、それを式次第で演出してきた。

では祭事は誰が、どのように演出するのか。つなぐこと、媒介することをとりしきるのが祭祀の主宰者、祭司、神司、巫女、ノロなど神官、神職者である。神迎え神送りなど神との交渉はそれら専門職によって厳秘のうちに執行される。それを支えるのが祭事の陰の主役ともいうべき宮座、講中である。場所の宗教、場所の祭祀の主体は場所であり、そこに生きる者、氏子町・山鉾町の氏子、社中である。神社を核として宮座、講中という氏子の連帯がつくられ、年ごとに世話役の頭人、頭屋が選ばれて、わが町、わが町内住民のために、準備から終了まで祭事のすべてを見守り差配し演出する。座や講という同心、協働の連帯こそが祭事を執りしきる要で、しかも座や講のメンバーはすべて氏子である。神に奉仕する専門職と、神社を核に結ばれる素人連合と、この二つが協調し和合して祭場も整い祭事も恙《つつが》なく運営された。

専門職と素人集団の協働は神楽舞、囃子など奉納芸でも行われる。巫女・神女など神社専属者と、氏子中や座・講中から選ばれた素人との共演である。とくに直会の場では素人が専属を呑んでしまうほどに祭事を盛り上げていく。さらにこれら二者の他に、氏子、参拝者、周辺地域や遠隔地からの見物人、観光客らも祭事の活気づくりに欠かせない協力者、協賛者である。協力者といえば山鉾町で見たように、諸職人や土産物売店、市や町の関係者や官庁なども賛助者である。祭事は専門職と座・講の素人集団を二つの核として、それぞれに関係者や連携集団を含み込みつつ、二つが状況に応じて変じてゆく緩やかな楕円を描いて展開していく。専門職が主となるかと見れば素人集団が主役を演じ、主従・主客が混融しながら、専門職も素人も分け隔てのない脱日常の時空間が演出される。その緊張と和気藹々《あいあい》の協働をつくり出すのが祭場であり祭事であった。神事を司る専門・専属者は神と人、神と土地をつなぐ媒介者として、神事の準備から催事・芸能などの直会の完了まで全行程を支える座、講、氏子などの素人集団はあらゆることを取り計らう演出者、関係の生成者として、両者は祭事をともどもに盛り上げていった。どちらの立場にしろ、参加すること自体が祭事であり、連帯協働することと自体が祭事の、場所の、共同体の、そして各自の充実となった。祭事の四つの主旨に加えるに、関係をつなぐこと、関係を生成すること、すなわち媒介者、生成者の機能も祭事の諸機能を貫く重要な二面であった。

◆社会関係資本としての祭事

社会は多重多様構造体である。生活社会、生業社会、情報ネット社会など身近なものから、政治経済社会、文化伝統社会、宗教祭祀社会等々まで、各々のなかで諸事象が関係し合い、かつ諸社会が多様多重に関係し合って複層構造社会を構成する。また観点を変えれば、社会は小さな私社会から身近な私圏社会、私圏と公共圏の関係し合う私公共圏社会、私圏の入りにくい公社会などと逆円錐形のような構造体と見ることもできる。それらの社会は各々ものやひと、価値観など特有の諸関係をもちつつ、互いに牽制《けんせい》し関係し合って、時に硬構造、時に柔構造の社会をつくり上げる。多様多重社会の表情を生成するのは各々の社会のもつ社会関係資本であり、諸社会間を媒介するのも社会関係資本である。

社会関係資本とはD・パットナムによれば、信頼と規範と、それに基づくネットワーク、それら三者のつくる力である（『哲学する民主主義』河田潤一訳、NTT出版、二〇〇一）。共通の場所にあり、共有の職域にあり、生活や生業の場をともにするとき、そこには必ず関係が生じる。その関係も資本であり、また、小さな社会はより大きな社会と多様多重に関係することで、そこにも関係の資本が生成する。しかも、社会関係資本は、ひとやものや金銭などを媒介し関係づけ意味づける力として個々人にも内在し、かつ生存環境のなかで生成・変成されていくものである。たとえば政治経済社会では上層部においては陰微な人間関係が媒介役となり、中下層部では金銭が最も力ある媒介役となっており、そこでは社会関係資本は有効に機能していない。経済社会だけでなく宗教社会や文化教育社会でも金銭が社会関係資本よりも魅力あるものとされるのが現在の空気と化してしまったが、そのなかにあって、見てきたように祭祀社会にはまだ関係を媒介し生成するという社会関係資本が大きく働いており、社会関係資本の可能性を考えるとき、祭祀社会の知見はよき指南となると考える。

社会関係資本はパットナムの考えが通用しているが、はたしてそれで十分か。人びとが信頼し合い、信頼の上に相互に諒解した規範が形成され、それらに基づいて安心できるネットワークが生まれ、それらが相まって生産性ある活動が展開していくと言うのである。そういう方向をめざして信頼、規範、ネットワークをどうつくるか、それが安定社会づくりの方法とされるが、関係の質や価値観によって、形成される社会の質も様態もどのようにも変じていく。関係というものは、友人、師弟、隣人、職場などどんな関係にしろきわめて不安定で、仏教で言う〝縁〟のように実体の乏しいものである。ということは社会関係資本という資本も、実体あるとされる金銭のような社会媒介物に比べ、信頼性も規範力も低く、金銭の生成するネットワークに比べても曖昧で非力である。ということは日常的次元では社会関係資本は期待されるほど効力はなく、かつそれに関わるはずの人間のなかにもそれへの関心が薄いということである。いまだ非力だからこそ、しかも社会が不安定不確定だからこそ、それへの期待を煽《あお》っているというのが実情かもしれない。

社会関係資本には大別して二種あると考える。一つはパットナムの考えを基本とするもので、私流にいえば、「日常型社会関係資本」である。日常生活において出来《しゅったい》する諸関係のありかたを問う現実的、実利的な関係資本で、通常の生活空間に作用する日常的かつ恒常的関係資本である。それが大都市圏では、職住分離やパーソナル化社会、格差社会の下、衰退し、改めてそのありかたが問い直されているのである。日常型社会関係資本は基本のものであるが、その活性化は容易ではない。

もう一つの社会関係資本は私流に言えば「演劇型社会関係資本」である。先の型に比べ、非日常的、非実用的で、しかも恒常性はなく、臨時的あるいは日時を決めての定期定例的なものである。その典型事例が祭事に出現する力である。生業を異にし、生活パターンを異にし、職域を異にし、日常の価値観や作法を異にし、日常では必ずしも親密でない人間同士が、祭事という非日常的なことに向かって、それのみを共有目的として、親しく会し、相談し、協調し、協働し、非実利非実用的なことを演出し盛り上げていく。そこに生成するのが演劇型社会資本である。あるいは演劇型社会資本が異時空間を生成するのである。琉球の御嶽や本土の古式をとどめる古社の斎庭は空っぽである。空っぽなるがゆえに清浄な中心軸となりうえ、空っぽ（真空）に向かって諸物が吸引されるように、そこにこその地の諸霊や諸願が吸引され、秩序と和合が成り立った。同様に、誰のためでも実利のためでもない非実用、非日常の行事であるがゆえに、現実的に空っぽなるがゆえに、祭事は人びとを吸引し、相談させ、諧和させた。報酬もなく見返りもなく、ただ参加することだけを充実とするのも祭事のもつ空っぽさ、清浄さによるものである。関係は人間、社会、金銭などどんな関係であれ欲得や損得の勘定がつきまとう。しかし実利実用性や日常性をもち込むことを排除する祭事では、そういう人間臭ある関係はご法度である。

かつて猿楽や能など供養・鎮魂を初原とする芸能が野外か臨時の仮設舞台で演じられたように、非実用的非日常的なことは野外や臨時の仮設の場で執行された。仮のものとして演出するのが清浄な行為で、恒常とか日常とか持続するものは保守、停滞、汚濁のもとである。恒常的実用的実利的日常にひたりきっている現実にあって、演劇はそこからひととき離脱し、場所や関係やさらには日常的な生そのものを洗浄し異化する行為、脱自・脱日常の営みである。儀礼や演出を専らとする劇場国家が存在しえたように、演劇社会もまた、実体らしく装う現実社会を相対化するものとして、人間社会には不可欠のものであった。仮設、即興、非実用、非日常の営みこそが、凝固しがちな日常や、固苦しい信頼や規範やネットワークに縛られがちな現実を忘れさせ、場所も人間も関係もひととき解放させた。

◆演劇型社会関係資本が演出するもの

演劇型社会関係資本もまた通常の社会関係資本と同じく人びとが関係し合うことで形成されるが、そこには通常のそれにはない要素が根本に潜んでいる。神という実体のない虚構と向き合い交信交歓する祭事はそれ全体が演劇、虚実融和のパフォーマンスであった。神遊びのために、通常社会の枠を逸脱して平等公平な場に参加者を誘い出し、神を核に、専門職と専属者を媒介に、みんなで厳粛かつ賑々しく浮かれる営みを貫くものは、虚実皮膜の間を楽しむ誠実なあそびごころである。虚に実を見、実に虚を感じとるこころ、演劇の精神である。祭事において、場所や参加者に漲《みなぎ》るあそびごころに魅せられて、ひとは自らのあそびごころに気づき、自ら更生し賦活もする。あそびごころの導くつながり、連帯、結束は緩やかでしなやか、したたかである。まじめな日常型恒常的社会関係資本のなかにあって、臨時に逸脱した演劇型即興的社会関係資本の妙味にあそぶことこそ、真に成熟した社会関係である。自分の演技演出は自分を変えていく。自己演出は成長成熟の基本作法である。同様に祭事という非日常の演出演技は社会の関係を刷新し変革していく。枠にこだわらない即興性や臨時の流動性・機転力あるものこそ、これから望まれる社会関係資本でなければならない。祭事はそのモデルであり、経済優先の政治社会体制下、反実利的なあそびごころという軽快なフットワークで演出されるかぎり、演劇型社会関係資本は後期資本主義の改造にも社会の新しい方向への軌道修正にも強靭《きょうじん》な力を発揮しうるであろう。

祭事は日常を遮断し、相対化し、そして甦らせる。そのうえ神、ひと、場所、ものなど、土地に在るものを媒介し、とりどりに関係づけ、再生し、一時的にしろ新たな関係をつくり出していく。一時的な関係力は恒常的日常的でないがゆえに清浄であり、欲得などの俗界を離れているがゆえに印象も新鮮で、場所に、参加者に、強く刻印されていく。祭事という虚事が日常という実事よりも印象深いものとなって、年々歳々刻み込まれて、あそびごころが生成した伝統、文化として定着していく。演劇型社会関係資本は既存のものを継承しつつもそのつど新たにつくられるものであり、かつ演劇型資本としての祭事そのものが従来の関係資本をリニューアルする。祭事は媒介するものとしての社会関係資本でありつつ、社会関係資本を更生・創出するものである。

演劇型社会資本は他資本と比べどのような力をもつか、祭事という営みによくその本質、本領が見てとれる。祭事では最も基本の営みは媒介というつなぎ行為であった。ひとと自然、神とひと、先祖と子孫、死者と生者、場所と神、集落と集落、氏子と氏子、内と外などを、タテにつなぎ、ヨコにつないで、関係に気づかせ関係を更新する。媒介する力、媒介者としての働きが、祭事の最も重要な役割・機能であった。金銭という冷たい媒介者でなく、目には見えないがみんなで信頼し合ってつくり上げ規範化し、共同主観というネットワークで育て上げた神や祖霊を、専門・専属の媒介者が参加する素人集団に媒介する。素人集団は媒介されたものを祀り上げ、盛り上げ、さらに直会で活気づけて神人融和へと媒介する。祭事に参加する者すべてが互いに媒介者となり、脱日常時空へと演出していく。媒介することは祭事の基本であり、演劇型社会資本の抜きん出た力である。打算なく楽しくいろいろなものを媒介する純粋行為こそ、汚染された現実社会にあって涼風のような回復力である。

祭事は異質雑多なものを媒介して日常にない関係を演出して時空間を刷新するだけでなく、その祭事そのものが新しい関係資本を生成しもする。祭事では日常何の実利もない斎庭が媒介者によって化《け》現《げん》した霊によって意味を変じ、場所への信頼、規範が新たに生成される。日常のなかにあって日常を超えたもの、神輿や神霊や祖霊に接することで日常は異化され、異時空間が生成される。日常の浄化、マンネリズムの解消による変成時空間の生成、此岸と彼岸、日常と非日常、ここ とあちらなど、異質なものを媒介することによる非常感性の生成、タテとヨコ縦横に媒介しつつ織り出される超現実の時間感覚の生成、従来の日常的実利的諸関係による信頼や規範やネットワークとは別種のそれらの生成など、祭事は短期間に、即興的に、集約的に、それらを生成する。演劇型社会関係資本はそれじたい資本であると同時に、資本を生成するもの、新規のものをつくる力をもつ資本生成資本である。それは神も先祖も場所も巻き込んだ集団的演技演出によって日常型社会関係資本を洗浄し、新たな相貌のもとに甦らせる力をもつ資本である。

日常が非日常の介入で活気づくように、日常型社会関係資本は演劇型社会関係資本で修正、活性化される。日常と非日常の二重構造、実と虚、実事と虚構、まめごころとあそびごころなど、二重、多重構造が生存に適した時空である。それらを自在につなぎ、競合させ、融和するのが真の社会関係資本で、「媒介者」と「生成者」の力を併せもつ演劇型社会関係資本はその強力な推進者となりうるであろう。

◆創造的社会関係資本づくりへ

社会関係資本、とくに演劇型のそれは、硬化し融通性を欠きがちで、時には鬱陶しいものとされる関係資本のなかにあって、恒常的でなく即興的だけに時代や状況に対する適応力があり、人間、社会の活性化のためには見直すべき資本である。新しい土地、新しい集団によって社会が形成されるとき、祭事は直接的関係を引き出すものとして多く利活用されてきた。謂わく団地祭、子ども神輿、学園祭等々。また、同好の士が集うコミケやフリーマーケットなどが生まれ、実生活上の重いネットワークとは別に、虚構の軽いネットワークがつくられ、その自在の使い分けのなかに新型の社会関係も育った。演劇型社会関係資本にあやかり、町おこしや地域おこしのイベント、祭典が陸続と試みられてきた。

さらに、考えを共有する者、政治社会の動きに異議申立てをする者などによる新しい祭事、祭典も近年顕著である。広島・長崎の原爆忌と平和式典、琉球でいえば五月三日の憲法を考える会、六月二十三日の行進儀式、辺野古埋立て反対集会、島ぐるみ闘争など、意欲ある祭事である。意思を表明し意思を共有し意思の連帯結束を盛り上げる行為は祭事に等しい。媒介力と生成力によって祈願、感謝、除災、活性化をはかる祭事は、いま政治社会意識を共有するものの間で新たな装いのもとに甦りつつある。演劇のもつ吸引力、媒介力、伝播力、生成力が、政治社会的メッセージの発信・表現に適しているからである。

公共の道や辻や広場を舞台としたパフォーミング・イベント、演劇的祭典も新しい社会関係資本づくりである。かつて演劇は道や広場など開かれた場所や無主無縁の公界や仮設の場で、祈りや鎮魂の意をこめて演じられた。いま社会の活性化や変革のためには、自由な意思表明のためには、インターネットも含め、開かれた公共の場で互いの意思を発散し競演して、場所を祝祭空間として盛り上げ、つくり変えていくことである。上からの町おこしや地域再生には祝祭性がない。内部に溢れる意思、共鳴を誘うスピリチュアルなものがあるときのみ、祭事・祭典はその本来の力、媒介し生成する力を発揮でき、祝祭を創出しえた。異質なもの多様なものを媒介し、関係づけ、連帯させるものは、深いところでつながる内なる志、スピリチュアルなものである。演劇空間における囃子や掛声、喚声もまた、思わず発せられる内部からの反応、支援である。失われつつある内部の聖なるものの存在に気づき、それを互いに演劇的表現によって交歓するとき、社会関係資本は異相異装異形ながら、社会の媒介者、生成者として立ち現れてくるであろう。そして祭事あるいは演劇型社会関係資本という媒介者、生成者が従来にない関係を創出することで、新しいタイプのウェルビーイングも生成してくるかもしれない。

既成の表現や価値観を揺るがせるものとして演劇型社会関係資本は機能する。パフォーマンスはつねに公開性と活性を要求される。パフォーミング・キャピタルもつねに社会に向け前衛であることが望ましい。日常型社会関係資本に刺戟を与えつつ自らも演劇性を自在に発揮するとき、演劇型社会関係資本は、両資本の媒介連帯の上にもうひとつの資本、創造型社会関係資本を創出するはずである。

つねに何かの予感をはらむ動態であることが創造型資本の本領である。そしてウェルビーイングもまた何かの予感をはらむ動態、創造性のなかに胚胎してくる。

その一例をあげて、結びとしよう。祭りはどう創造型資本たりうるか。八重山の種子取祭では神事のあと奉納芸能が賑やかに続き、そのあと、夜を徹してユークイ（世乞い）が行われる。島の一軒一軒をユークイの島唄と踊りで豊穣祈願して廻っていく。ユークイによってわが住む場所は浄められ、賦活される。場所の治癒である。都市の大祭、祇園祭や大阪天満祭でも神輿や獅子舞が巡行して氏地を浄め、元気づけた。場所を治癒した。治療は個々人の治療だけでは完了しない。場所を治癒し、社会関係資本も含め諸関係を治癒しなければ、個々人の治療はありえない。祭事は住民、場所、そこに営まれる諸関係を浄化し、活性化し、再生・新生する治療行為である。それを気づかせ、いきいきと演じさせるのが、日常型社会関係資本に介入していく演劇型社会関係資本であり、その両者がつくる創造型社会関係資本である。その原初から、祭事は一貫して人間や社会そのものの治療行為だったのである。しかも治療の本道たる精神・人間・社会・環境を含むトータルケア、総合的治療だったのである。こう結論しながら、Social の原義に思い至る。ともに生きる場、ともに生きるひとたちとのつき合い、もてなしの作法が元の意味で、「社会」という冷たいイメージでなく、ともに生きる喜びをつくるもの、それがソーシャル・キャピタルであったことに。そしてトータルケアが場所も関係も元気づけ、活気あるウェルビーイングへと導いていく。

8 都市環境がウェルビーイングをみちびく

◆景観法の自主的展開

二〇〇二年、景観をめぐって注目すべき判決があった。東京都国立《くにたち》市に建設されるマンションが、近隣地区の住民たちの眺望を妨げ、景観を損うという訴訟に対し、かつては「個別の利益」として法的に保護されにくかった「眺望権」を認めた第一審判決である。注目のうちに地裁から高裁へと審議を経て、最高裁は地域住民の景観権を認める決定を下した。景観権益は法的に保護されるべきものである、との最終判決である。その判決の下地には、国立市と住民たちのわが市《まち》の景観形成の努力とそれによる景観蓄積があった。住民運動の成果であり、地域が培ってきた市民力、地域力によるものであった。

国立マンション判決は個人権益を守るものであったが、その背後にある力に後押しされるように、眺望や景観への関心は全国に広がり、地域や町や市の共同の問題へと進展してゆく気運となった。それを察するように二〇〇三年、国土交通省が「美しい国づくり政策大綱」を発表、つづいて二〇〇四年には「美しい自然や良好な景観」を活かして観光立国を推進しようと「景観法」が小泉内閣によって制定される。その流れは安倍第一次内閣の「美しい国日本」の空疎なアドバルーンで終息した。景観法の実体は虚しかったが、しかし、国立につづけと景観への関心は高まりを見せ、たとえば瀬戸内海の古くからの港、鞆《とも》の津の埋立てやバイパス計画を中止に至らしめたのも景観への関心と市民力、地域力によるものであった。

関心は政府の意図を超えて広まり、景観法に基づいて市町ごとにさまざまな委任条例や自主条例がつくられ、景観の見直し・保全・育成の動きが、とくに都市景観を対象に、行政あるいは市民の呼びかけで活発化していった。たとえば神奈川県真鶴《まなづる》町。栃木県日光市とともに全国初の景観行政団体となって、町全体を対象とする景観計画条例を制定し、わが「美しい町真鶴」づくりに乗り出した。岡山県倉敷市や、滋賀県近江八幡市（第6章参照）など、独自の自主条例で特色ある景観の保全と創出を試み、成果を挙げてゆく。なかでも景観法をきっかけに積極的な景観政策に取り組み、つぎつぎと意欲的な制度や条例を取り決め実施に移したのが京都市である。

京都市は風光に恵まれ歴史文化遺産も多く抱え、観光を重要な経済資産とする。経済か文化伝統か、つねに京都の問われるところであった。そんななか、京都タワーが識者の反対を排して建ち、市街の中心目抜き通りに六十メートルの京都ホテルが京都仏教会の強い抗議にもかかわらず建ち、また京都駅が同じく六十メートルの強烈なメタリックな姿で聳え立つなど、市のスカイラインは乱され、眺望も大きく損われ、景観は悪化をたどった。とくに市中心部を占める町家づくりの町並み地区では、経済の停滞や町の老朽化から、小さな地所のマンション化が進み、町の景観は破壊され、町なかからの眺望も攪乱されるに至った。

二〇〇六年、景観の危機的状況のなか、改めて京都らしい景観の保全・育成をめざして新景観政策が発表される。建築物の高さ、そのデザイン、眺望景観、自然風景、屋外広告等、それぞれにつき、規制緩和をはかる政府並びに県市行政の趨勢に逆行するように、厳しい規制を設けるものであった。市域を高度地区や風致地区、景観地区、建造物修景地区、自然風景保全地区等々、場所ごとの特性に基づいてきめこまかく分け、それぞれの特性と景観の育成をはかろうとするもので、とりわけ眺望景観の保全のための規制「眺望景観創生条例」の制定は先進的なものとなった。

眺望景観は先人たちから受け継いだ歴史遺産であり、京都市民にとってかけがえのない資産であるのみならず、国民にとっても貴重な公共財産である。そのすぐれた眺望景観の創生を、「現在及び将来の市民及び国民がその恵沢を享受できるよう」に、「自然、歴史的資産、街並み、伝統、文化等との調和を踏まえ、地域ごとの特性に応じた適切な制限の下に行わなければならない」というのである。条例では、眺望景観づくりは上からの制限や取り決めとせず、行政や事業者のみの責任とせず、市民にも呼びかけ、市民および事業者それぞれの意識の啓発を促し、「自らが京都の優れた眺望景観を創生する主体であることを理解」し、「それぞれの立場から、その創生に努めなければならない」と、各分野の自覚と責務をも定めた。京都に住むことの誇りと、京都という場所と歴史への愛と責務が条例化されるなど、京都の新景観条例は新鮮な方向を指し示した。

新景観条例に基づく新政策によって、かつての美観地区の見直しと景観地区の新指定を行い、市街地景観条例により、山麓型・山並み背景型・岸辺型・町並み型・沿道型・旧市街地型・歴史遺産型と、場所と景観の特性を重視して街区を分類し、市街地景観の保全と育成をはかった。こういう街区の分類にも京都の景観への思い入れが窺われ、官民一体となって守るべきものは守るという姿勢に古くからの町衆の伝統心意をその背後に見ることができる。

大正八年に初めて指定された風致地区も見直され、山村や渓谷、池沼などの自然景観や建築物など、その様態によって五種の地域に分け、相国寺風致地区、鴨川風致地区など十七か所が指定された。さらに建築物の高さや、建ぺい率だけでなく、形態意匠など厳しい制限を必要とするものを、下鴨神社周辺、吉田山、深草稲荷など六十二か所、特別修景地区と指定し、その保全修景をはかった。なかでもユニークなのは眺望景観保全地域の指定である。上賀茂や下鴨神社、東寺、西芳寺など世界遺産の社寺をはじめ、諸社寺や離宮の境内や域内からの眺望、御池通《おいけどお》りや五条通りなどの通りの眺め、疏水や宇治川の水辺の眺め、円通寺や渉成園など園池からの眺め、鴨川右岸・左岸からの東山・北山の眺め、鴨川に懸かる橋からの見晴らしの眺め、市街地からの大文字山をはじめとする五山の送り火の眺め、山々からの見下ろしの眺めなど、三十八か所を指定、眺望する地域と眺望景観を細かく分け、近景・中景・遠景のなかの建造物の高さや意匠にも制限を加えた。この制定は、京都の景観は日本の景観であるという自負心のしからしむるもので、新景観条例は他の県市町に対し力強いサンプルとなった。景観が市民の自覚とともに見直され、市民力、地域力の支持をえて保全、修景され、育成、創生されるものとなったのである。

◆「守る」景観・「創る」景観

東京も二〇〇四年の景観法制定に沿って、景観施策を答申する知事の諮問機関、東京都景観審議会が発足、都市再生や観光まちづくりなどを答申し、景観への関心も少しく萌しはじめる。しかし首都としての風格、観光資源としての景観、公共事業との連携など、経済効果をねらうもので、市民参加の余地はなく、まして都民による都民のための東京景観づくりの発想など見えようもない。東京は徳川家康の入部以来、つねに上からの町づくりであった。山手の武家地、寺社地は言うまでもなく、下町の居住地づくりも居住のありかたも多くは上からの強制、指示によるものであった。江戸東京はつねに政治経済を握る権力者の意思・目的によってつくられた町で、東京が経済都市、国際都市として日本に君臨するという姿勢と体制を持すかぎり、政府や経済界主導の都市でありつづける。景観もあくまで首都として首都の方針で考えられる。現に東京の景観の見直しの事始めは、文化財庭園等景観形成特別地区に指定された浜離宮や後楽園などの大名庭園の保全とそこからの眺望確保であり、また首都を象徴する建造物の眺望の保全として選ばれたのは国会議事堂や明治外苑絵画館など政治色濃いもので、つねに権力のための景観、日本の他地域や諸外国の目を意識した空間の顕彰である。江戸東京は四百年にわたって場所になじめない町で、市民不在の町でありつづけた。

景観法の制定をきっかけに、全国各地で景観論争が活発化するなかで、全く新規に景観を創造しようとする注目すべき試みも出現した。岐阜県各務原市が民間業者の開発する宅地分譲地を景観地区に指定したのである。景観地区は全国どこでも自然条件に恵まれ歴史文化の残る地区で、それらの保全修景が景観法のねらいの一つであるが、各務原市の分譲住宅地、グリーンランド柄山《からやま》は新規の開発地で、そこを景観地区に指定することで住宅地モデルとして新しい住宅景観を創出しようというのである。保全や修景など専ら景観を「守る」対象としてきたが、グリーンランド柄山では景観を新規に「創る」ものとしたのである。景観を修景しさらに創生へと導いた例には近江八幡市の他にも長浜市があった。長浜市では古い北国街道を黒壁の町並みにして街道景観を新しく創生し、長浜旧駅舎の改修などとも併せて長浜市を景観都市として甦らせた。市民と行政との協働による景観創生であった。各務原市の場合はさらに一歩進めて、市と住民と民間業者の三者の協働による景観創生の試みとなった。「守る」景観から「創る」景観へ、行政や業者主体の町づくり、景観づくりから、市民参加による町づくり、景観づくりへと意欲ある試みは、大企業本位の東京の後進性を尻目に、進行中である。

◆都市景観は誰のものか

都市は誰のため、何のためのものか。古代都市「都城」は律令制の秩序を現実の地表に表現したもので、天皇の在す大内裏を中心に、同心円を描くように上級貴族・官僚から中下級層の地へ、町人百姓地へと造られ、全国に置かれた出先機関の国府も都城を縮小したミニチュア都城であった。都市は支配権力のもの、そして景観はその権威を示現するものであった。戦国期から近世にかけての城下町は支配大名の天守閣を擁する城を中核に、家格の序列に従って家臣を配置して身分制秩序を地表に表現した都市であった。道路も町割も軍事的見地で造られ、町人百姓の居住する城下は戦いの際には自ら火をつけ、あるいは敵に焼却された。焼かれることで本拠を防衛する機能を荷わされるなど、城下町は支配者本位のものであった。洋の東西を問わず都市は為政者のもので、権力者の力を誇示し、防衛するためにあり、景観も支配力の象徴として造られた。

今日でも様相はさして変わらない。東京に典型的に見られるように、都市は経済のため企業のためにあり、都市景観も企業力を誇示する企業景観である。都市は企業活動の場、企業戦士の戦場であり、住まいをはじめ一切の生活必需品、さらに教育や福祉、娯楽などの営みも含め、生活は企業の生産するものによってまかなわれ、それらを消費することがすなわち、くらすこととなった。市民は経済活動という巨大なブラック・ボックスのなかに在ること自体、企業という現代の支配者・権力者に籠絡され生かされているのである。自焼放火されるかつての城下町の百姓町人とさして変わらない。現代日本は企業が牛耳る企業社会である。都市もまた市民ではなく企業主体の企業都市となった。

都市はもちろん市民だけでは成立しないし維持もできない。消費が主体の消費都市であっても消費を生む生産都市、企業都市も必要、それらを統合調整する政治行政機構も必要である。消費や生産や行政の諸機能のどれを核とするかによって都市の性格、機能、質、表情、景観も決まり、現代では活気ある都市はほぼ生産機能を核とする企業都市である。とくに都心部は企業の能力や質、規模など経済力や企業力という企業尺度で評価され、景気や働き甲斐が都市環境の判断基準とされる。都市を企業尺度が覆っていく。安心安全や住みやすさなど都市に住む市民の市民尺度は、市民の共同体が衰退し市民意識や公共心が劣化してゆくなか、無力となり、景観を見る人間的尺度も企業の提供する賑々しい企業尺度にとって代わられる。

都市は誰のものか。都市景観は誰のためのものか。長い都市の歴史の果てが企業都市で、主体は企業であるというのは、あまりに殺伐たる結末ではないか。企業主体の寡占体制でなく市民主体の開放体制がみんなに開かれた都市の本来の姿であり、そこにくらす市民のための景観が都市本来の姿ではないか。市民は企業の演出する消費社会の消費人間でなく、消費行為で経済景気に利用される隷従人間でもない。市民とはそこに住むことを自主的に選び、生業に携わりつつ消費し、消費しつつ都市に足跡を刻印し、都市の歴史と景観づくりに参加しつづける存在である。京都の景観づくりに自覚と責務をもって参与する市民のように。市民とは、何かに隷属せず、拘束されず、市民の自覚のもとに自立し、他者と協働して市民のための市民都市をつくる存在である。市民こそが都市とその表情をつくる主役であり、その役割は企業都市から市民都市への都市改革である。都市景観もまた、超高層建造物で経済力を競い合う経済景観から、住みやすさが溢れる相互共生の市民景観へと変容しなければならないのである。

◆都市景観へのまなざし

今日、大都市はたいてい都心部、近接周辺部、そして郊外、とゾーニングされる。そのうち大都市の中心部に在る人間は、まず公官庁や大企業や大型商業施設などに「勤める者」、観光や買物、あそびなどでそこを「訪れる者」、そして自営業者や職人も含め「住まう者」、この三者である。一は日常生活の本拠は郊外など別の地域にあって都心部を常時、働く場とする者、通勤者、二は不定期で目的も関心も雑多な不特定な来訪者、三は生産・消費すべてを都心部で営む生活者、居住者である。そしてそれら勤める者、訪れる者、住まう者という三者は、都市に接する態度も都心を見るまなざしもそれぞれ異にする。

　都市景観との関係に絞って見ても、勤める者は景観への関心は薄く、勤め先それ自体の様態と近隣との関係、あるいは通勤路の様子である。それらへの関心も勤め先の外観や力関係で、わが砦が見劣りせず、勢威あって目立ち、周りを引き立てているような光景をよしとする。力関係が景観をよくも悪くもする。身内の目であり、テリトリー景観である。都心が第二の拠点であっても、その景観に積極的に参与することはなく、所与のステージとして利用するのみである。

　都心部を訪れる者の目はインタレストである。好奇心であり、一過性の楽しみであり、刺激であり、それによる満足感、つまり利益である。つねに新しいもの、変わったこと、珍しいものを期待し、日常の生活や場所にない刺激を受けると満足する。都心は訪れる者を満足させるためには常時、新鮮に演出しつづけねばならず、ファッショナブルであることを要求される。訪れる者の性別、階層、年齢などによって都心部は表情、演出を変え、時刻や場所による差異化は訪れる者へのサービスである。不特定で不定期、気ままなモード感覚と好奇心をもつ気まぐれな来訪者が都心部の表情、景観を演出させ、それに応えるのが都心部の来訪者へのもてなしである。都心部の景観の先端性は訪れる者のまなざしによるところ大である。

都心部を生活の根拠とする者、そこに住まう者は老舗や自営業者や少数ながら職人や工匠で、たいていは古くから住みつづけてきたひとたちである。かつては向う三軒両隣りというさし出がましくないつき合い倫理のもと、わが町を大切に守り育てようとする気持ちを共有し、勤める者や訪れる者と親切に交歓しながらも、彼らと同じ場所にあっても場所への思いの度合いは全くちがい、それが場所を見るまなざしも変えた。東京の日本橋や銀座の旦那衆、大阪の道修町や船場の旦那たち、京都の祇園の氏子、町衆などの目と心意である。そこに生まれ育ち、そことくらしをともにしてきた者たちの誇りがその場所の表情を育て、場所の味わいをつくってきた。

くらす者がつくり磨き上げた町を、訪れる者、勤める者たちが享受し、そして三者が互いに交歓しつつ、場所を活気あるように新鮮に演出してゆく、そういう三者の相互共生、相互扶助関係が無理なく自在に行われているところが、それぞれにとってよき都心、よき景観である。ただし今日では都心部に住まう者は減少の一途をたどり、近接周辺部へ、郊外へと脱出し、勤める者へと変じつつある。都心部が、経済活動の場としてのみ評価する者たちの場となり、三者相互協働でつくり上げる交歓の場でなくなりつつある。

都心部が変質するにつれそれに近接する周辺部もさま変わりしてゆく。東京で言えば本郷や湯島、谷中や根津、高輪や目黒のような地域である。この地域では勤める者は都心部に比べ少なく、質も異なる。企業は中小規模となり、学校や病院など文教・福祉厚生施設が多くなる。訪れる者は教育や医療関係者など場所密着型で、好奇のまなざしはなく、景観に期待するものも少なく、新味よりも安定志向である。勤める者、訪れる者ともに生活者感覚である。

住まう者がこの地域では大半を占め、主体である。かつては町内というコミュニティ、隣りのよしみという相互協働の共同体があったが、居住者の多くが他地域へ勤める者となり、しかも他所からの参入も多く、今日ではそういうくらし感覚は薄れ、地元意識も自営業のほかには減衰した。かつて根づいていた地元愛も場所の味わいへの誇りも薄れ、景観も急速な変化にさらされている。京都など町家が軒を接して相互連帯を感じさせる町並みがあったところに小さなマンションが点々と建てられ、見た目からも心情からもつながりは分断され、住まいかたも景観もぎすぎすした空気となって、多くの問題を抱える地域となった。タウン誌『谷中・根津・千駄木』発刊もこういう空気に抗してであった。都心部が企業都市化して企業景観を呈しているように、この地域でも住まう者の場所意識の衰退に合わせて主体のない味わい乏しい景観となりつつある。人懐《ひとなつ》かしいコミュニティや連帯があり、きれいに整ってはいないが親しみやすい生活感覚があった景観は攪乱され破却されてゆく。

その外縁部、いわゆる郊外は、つい四、五十年前は田園都市とかニュータウンとかと鳴り物入りで喧伝され人気を呼んだが、都心回帰という逆風のなか、いま大きく変容し、かつての生気は見る影もない。郊外はそこに勤める者はきわめて少なく、訪れる者も少ない。ほぼ全員が住まう者で、しかも住まう者の世帯主のほぼ全員が他所、都心部へ勤める者というのが郊外の生態である。寝ることだけのベッドタウンで、昼間はマイホームを守る女性だけ、成年男子は不在、子どもすら多くは他所へ通学するなど、夜昼がらりとさま変わりする変則都市である。そこに勤める者、訪れる者が極少であれば、郊外は他者の視線を考慮する必要はなく、住まう者だけの視線と心意で営めばよいところで、そういう自己中心の視点が、生活の根拠を他所にもつことと相俟って、地元への目も関心も失わせ、パーソナル化社会の風潮に冒された住民のまなざしはマイホームだけに注がれる。郊外をわが町とする意識は育たず、わが拠点はあくまで他所、郊外は仮りの宿とされ、相互連帯のもと、地域コミュニティをつくり地域を盛り上げようという気配すら芽生えない。場所に無関心無責任にくらす者が大半を占める郊外に生活景観が培われるわけもない。企業主義だけがニュータウンの成長、成熟を妨げたのではない。土地になじもうとせず、自利的ミーイズムにとらわれ、相互共同に冷淡な居住者たちが郊外の質を決め、景観をも貧寒としたものにしたのである。

大都市は大きく都心部、それに近接する周辺部、そしてその外縁に広がる郊外の三つのゾーンに分けることができた。そしてその各々に、勤める者（通勤者）、訪れる者（来訪者）、住まう者（居住者）という三態の生きかたが営まれる（表）。各々に占める員数は概略、「多い」から「きわめて少ない」まで、表のような構成となる。「中」とは中心となるほどでなく目立つわけではないが、地域に意味をもたらすほどの員数という意である。主役は都心部では勤める者、近接周辺部では住まう者、郊外では住まう者、そして主役をサポートする者、あるいは地域の特色づけに有意な者として、都心部では訪れる者、周辺部では勤める者が存在する。それぞれの地域の質や表情を決め、景観をつくるの

表　大都市の3つのゾーンにおける人員の3態

	勤める者（通勤者）	訪れる者（来訪者）	住まう者（居住者）
都心部	多	中	少
近接周辺部	中	少	多
郊外	極少	極少	多

は、主役と有意な脇役である。都市の質や景観は、ではどのようにしてつくられるか。景観に絞って考える。

◆景観生成の動機と景観の意味づけ

私たちは場所のなかに、諸々のものと関係しつつ、時間を紡ぎ出してゆく存在である。景観という場所を背景に生きる存在である。都市景観もまた、土台となる風土、場所のなかに、樹木や生物などの自然物、建造物、往来の人間、交通通信機関、広告やストリートファニチュアなど、雑多なものが関係し合い、短時間内にも長時間にわたっても変化を見せつつ生成してゆく。人間を含むすべてのものが場所内関係的存在かつ時間的存在であるように、景観も場所をベースとする関係的、時間的存在で、つねに変容しつづける生命体である。そういう生命体としての景観をつくるのは人間であり、それを評価し意味づけるのも人間である。場所内存在である人間はまた景観内存在であり、景観もまた人間によって生成され意味づけられる人間的存在である。

人間はどのように場所、景観を見るか。主観なしに見ることはなく、つねに自らの欲望や打算、気分や思念に基づいて場所を見る。都市景観でなく自然が開示する自然景観であっても、性質や能力や気分など個人的要素によって眺め、評価する。

ものを見、ものに接する時、私たちは情緒的であり利己的である。ましてやそのなかに自ら存在するとき、参入している場所や景観の見かた、接しかたは利己的、主情的とならざるを得ない。

都心部にあって最も多くを占める勤める者の景観評価尺度は、わが企業の場所内位置づけ、景観内たたずまいのありかたである。都心という企業競争空間では場所を利益生成の場と見る以上、自利に不利な景観は悪しき景観である。勤める者はつねに自利という欲望や打算で景観を見、見た目の好況感が生き甲斐、勤め甲斐のあるよき景観であって、美醜は必ずしも判断尺度とはならない。都心部の景観は、東京ミッドタウンや六本木ヒルズ、汐留や東品川、丸の内界隈など、悉《ことごと》く自利という欲望がつくり出し、それによって評価される景観である。かつて城下町が支配大名の意思によって身分格式でゾーニングされたように、都心は企業や大店舗の利益目的に沿ってゾーニングされる。身分格式によってゾーンに占める場所も、景観の見かたも異なる。企業都市にあっては自利という目的、欲望が景観づくりの基本である。

勤める者とちがって、日常空間を離れて都心部を訪れる者は驚きや刺激を求め、慰安を楽しみ、飲食や買物など五感の快楽を享受する。一過性の満足を目的、欲望とするために、景観も珍奇で刺激的で日常を洗い落とす遊戯性が求められ、変化と流動性、フローがいのちである。道頓堀川両岸のけばけばしい景観、道頓堀通りや法善寺横丁のあそび感覚溢れる景観も、訪れる者に対するそこに居住する者の心くばりであり、サービス景観である。景観はこの場合、美醜で判断するものでなく、刺激の有無や演出の出来不出来で評価される。解放を期待して訪れる者のあそびごころが都心部の景観を生気づかせ、勤める者の求める景観とはさま変わりの景観を誘い出す。それを準備するのがそこを拠点とする者の心くばりと欲望で、成熟した都市感覚が、訪れる者と勤める者の欲望を察して、成熟、逸脱、刺激のある景観へと生成させてゆく。銀座や大阪船場、京都の山鉾《やまほこ》町などに見るように、三者のバランスと交歓を演出するのが古くから根付いた都市感覚であった。

近接周辺部にあっても同様に、そこに在る者の欲望が景観をつくり、意味づける。都心部が建造物などハードウェアによって景観をわがもの顔につくって経済的観点からの勢威を演出するのに対し、住まう者主体の近接周辺部では、住まう者の望む安心安全や快適をつくるものは、軒を並べる町並みなどのハードウェアもさることながら、人びとの親和や、協調、協働などのソフトウェアである。京都の千本通りや西陣界隈の家並みの景観は、気くばりの町人意識と自他への慮りというソフトウェアのつくり出した景観である。ハードとソフトの協調によって創り出されたリズムとハーモニーある景観、これが住まう者の願う景観で、それはまた場所とひとと時間の織りなす生活景観であった。東京でも谷間や坂道の町に、見た目は美観でなくても生活の匂いが漂う景観がいまも残存する。

近接周辺部では地域密着型の中小企業が脇役で、地域との親密な協働が相互の利を生み、そこに勤める者も地域との親和を求められ、自らの欲望よりも地域ともども利することが求められる。中小企業とその勤め人と地域居住者との共同の欲望が、三者和諧した景観をつくり、地域独特の味わいを創生してきた。欲望も自利利他がないまぜとなって共同欲望、共同主観を生み出し、それが共同交歓の景観となるのである。企業も勤める者も参加する地域の祭りはその典型景観であり、また目黒や戸越、中野や高円寺、阿佐谷、吉祥寺などの目抜き通りの地域景観も、都心部には見られない地域創生の景観である。しかし、企業都市の都心部の狭間《はざま》に点在していた古きよき東京風情、都市特有の生活景観も失われつつある。

郊外の主役はそこに住まう者である。しかし、土地への思い入れは乏しく、場所への欲望に欠ける郊外居住者に、郊外の景観をつくり育て上げる意欲も能力もない。郊外の地に欲望をもつとすれば、居住者ではなく、そこを開発し商品化した企業や行政である。しかしそれらも商行為が完了すれば郊外を見放し、居住者も住みつく意思乏しく、そのため郊外が時間とともに成長、成熟してゆくことはありえず、殺伐たる無責任景観を呈してゆく。豊饒な自然と表情をもっていた地形、地相をブルドーザで破壊して無個性な平地とし、そこに無個性の箱物《はこもの》を並べ、「旅宿の境涯」(荻生徂徠)の者を呼び込んだ郊外は、当初から成熟した生活景観などは期待されていず、いずれは限界集落となる企業集落の運命にあったのである。

都市景観をつくるものは、都心部、近接周辺部、郊外、それぞれその場所の主体・主役を演じる者の欲望であった。私たちは場所という舞台なしには存在しえない。景観は舞台である。主役は適切な舞台上ではじめて精彩ある演技をなしえた。仕事も生も同様である。生気ある演出によって舞台という景観も精彩を放ち、さらに適切な脇役によって主役も舞台も景観もより活気づいた。主役・脇役がともにふさわしい舞台上で伸び伸びと演技するとき、生気ある演劇、活気ある都市景観が躍動した。よい舞台、よい場所、よい景観に魅力ある演劇、いきのよい活劇、生の迸《ほとばし》りが生成する。

都心部には、颯爽とした勤める者と好奇心旺盛な訪ねる者の相乗作用によって先端をゆく新鮮な景観が展開した。近接周辺部では、住まう者たちの相互協働による人情味豊かな芝居が、生活感覚溢れる舞台、景観のなかに演じられた。そして勤める者が飛入りのように参加しては芝居を盛り上げた。都心部が生活感覚を断った気取った本格舞台上の本格演劇ならば、こちらは地芝居小屋での人情劇である。そしてともに舞台という景観は、建造物、大道具小道具、照明など各々にふさわしいスケールのハードウェアによって調整され、各々に適切なスケールのソフトウェア、協働や心の交歓によって演出された。ハードとソフト両面からリズムとハーモニーある舞台を生み出し、そういう景観がそこに在る者の相互協調の演劇や芝居を創り出した。リズムとハーモニーはそこに生きる者たちの奏でる和音、諧調であった。快い景観とは生ある者がリズムにのりハーモニーを楽しむ時空間、自らの欲望や願望を満たしえた時空間であった。しかしそういう生動する景観はいま、郊外はもちろん、都心部からも周辺部からも失われつつある。

◆景観づくりのための基本前提

都市と都市景観を三つのゾーンに分けて見てきた。各々現状は明るくなく、郊外など未来像も描けない状況である。政治経済の中心舞台である都心部の景観も企業の欲望のままに勢力を誇示し合う企業景観となった。鉄とガラスとコンクリートという人工資材で合理性、経済性、機能性をはかり、合理的、機能的、経済効率的な効能をねらう景観である。そこは企業活動や刺激を享受する場ではあってもヒューマンな時空間ではない。そこには建築物相互のかもし出すリズムもハーモニーもなく、街路にもそれらを協調させる機能はない。都心を覆う企業景観を刷新するものは、企業の欲望を超える脱企業的発想である。

近接周辺部の景観も、相互協調のコミュニティが失われ、ハードウェアも都心部化して、各地域の持ち味も弱々しくなった。温かみのあった町並みのなかに合理的機能的な建築物が介入し、町のリズムとハーモニーを蹂躙してしまった。侵入してくる企業景観化を防ぎ、都市の谷間や狭間にオアシスのような人情景観を再生することが周辺部では景観づくりの前提である。

廃墟化すら予測される郊外については、陸続とつくられた団地も含め、根本的な発想転換が再生の前提である。ニュータウンや田園都市の方法は過去の負《マイナス》の遺産である。近代日本の発展は郊外化の途《みち》でもあったが、その安易で無責任な発想とスプロール現象化を断つことが郊外新生をはかる前提とならなければならない。

これからの都市景観を考えるには、これら都心部、周辺部、郊外の現状を踏まえ、それぞれの主体や主役の欲望を再吟味し、それらの刷新・改良・新生へと導くことが条件である。そしてさらに、現今の社会状況を踏まえ、各々のゾーンごとの課題の他にも考えるべき基本前提がある。

まず、これからの都市をつくる者の年齢構成である。高齢社会はすべての経済社会問題を考える前提であり、都市、都市景観づくりでも念頭におかねばならない基本である。高齢者に居場所はあるか。どういうところが居場所か。都心部を本拠に近接周辺部から郊外へ、経済優先の価値観に基づく企業都市、商業商品都市が蔓延していくなか、安心安全で快い居場所という高齢者の願いを満たす都市は可能か。安らげる景観をどこにどうつくりうるか。高齢者や障害者を含め、あらゆる年齢階層がそれぞれの開かれた居場所をもつのが成熟した公共都市であり、快い景観である。

高齢社会についで、コミュニティも考えるべき前提である。強者が弱者を踏みつけ排除してゆくのが、競争原理で動く都心部の力学で、利益や経済性や合理性など価値観を共有する者同士の連帯・協調はあっても、異価値観をもつものも含んでの相互協働のコミュニティは都心部には望めず、しかもその経済力学は近接周辺部にも侵入し、残存していたヒューマンなコミュニティをも破却、攪乱しているのが現状である。郊外に住民コミュニティが生成し定着する気配はなく、コミュニティは都市の時空間から消滅しつつある。コミュニティの失われたとき、都市は大東京や政令都市や企業城下町のような行政企業型都市とか専制的城下町型都市と化して、本来の主体たる市民は踏みにじられ、都市の谷間や狭間に押しやられ排除されていく。都市の主体は理念としては市民である。公共心をもち市民意識を有する市民である。そして市民のつくるのが、市民都市であり市民都市景観である。市民都市をつくるものは参加する者すべてを含む市民コミュニティ、共同生活空間に芽生えた共同主観のもと、相互の共生と協働によって生まれるコミュニティである。市民コミュニティの育成も都市、都市景観を考える上での基本事項である。

生産性の見直しも、企業都市化の趨勢下、都市づくりの前提である。生産性は経済面だけの問題ではない。生き甲斐を感じること、生き甲斐をもって生きることも生産性である。市民としての義務をはたし、地域に参加し、相互協働に努め、地域内存在として地域社会と共同感性を共有することも生き甲斐である。個々人の生き甲斐は同時に地域社会の充実、生産性、誇りを生成する。祭りやイベント、NPO活動などその一例である。人びとが集うコミュニケーションも生き甲斐を生みコミュニティを育て、生産性を高める。活気あるコミュニケーションの時空間は都市景観の魅力ある要素である。

都市景観に必要な条件はコンパクトということである。とくに住まう者を主体とする近接周辺部では、利便性や効率性が安心安全、快適なくらしを支える。その場合の利便性や効率性は物資の多寡や物価など経済価値に基づくものでなく、ひととひととのつながり、ひとと場所とのなじみ合いのような計量しにくいものである。道路で言えば、効率本位や車本位のものでなく立ち話を誘う路地や脇道である。コンパクトとは、日常が恙《つつが》なく営め、分《ぶん》を弁えた生活を享受しうることであり、それに応えうる時空間である。欲ばらず出しゃばらず、自己を顕示せず、生活圏の拡張に励まず、近隣との協働がおのずから地域の和となる時空間、そういう相互信頼の生活世界が本来のくらし空間、充実したコンパクト時空間である。今後求められるくらしに快適な景観は、経済的合理性や効率性や機能性とは異質なこういうコンパクト志向によって創生される。

場所、地域には、郊外のような新開地も含め、どこにも地域固有の歴史と伝統があり、それが場所の表情、味わい、たたずまいとなり、風土色や空気や景物をつくり上げる。歴史や伝承、伝統など、その場所に演じられ蓄積された物語を、改造や開発と称して横暴に潰滅することなく、聞きとり、対話し、伝来の物語の上に地層を重ね、また時代ごとの新風を注入していくことが、場所への応答であり、先人への感謝であり、かつ場所を継承するものの責務である。歴史遺産と現代的要請との相互対話の上に場所を成熟させていくのが場所への務め、地域愛である。都市景観は短時日には成らない歴史的所産である。先人や歴史との協働によって成形し熟成してゆくもので、それによって形成される歴史資本が真に地域遺産である。歴史遺産の掘り起こし、修景、そして再生・創生も都市景観づくりの基本前提である。

都市景観づくりには、生産性という経済資本も、コミュニティやコミュニケーションという社会資本も、高齢社会に目配りする福祉厚生資本も、生活世界を重視しコンパクトを願う生活資本も、さらには先人との対話という歴史文化資本も必要である。それら諸資本は、しかし企業都市が考える経済的な意味合いのものでなく、ハードウェアよりも、つながりや生き甲斐などソフトウェアを重視する資本力である。生き甲斐や生活の安心、充実を大切にするこれからの都市、景観づくりに必要なことは、これら計量化しにくい資本の涵養と利用であり、特定資本に偏せず、諸資本のバランスある活用が、企業都市でも城下町型都市でもない市民都市へと誘導してゆく。これからの都市のめざすことは発展拡大でなく成熟である。都市景観も、賑わいや活気のなかにも、落着いた成熟が求められる。都市景観を考える上で配慮すべきこれら数々の前提をもとに、次には景観の基本デザインを考えてみることにする。

◆都市景観づくりの基本デザイン

都市に生きる者が願うことは、くらしやすさ、安心安全や健康健全、働き甲斐生き甲斐、物心両面からの快さ、そして生を楽しむこと等々、要は平常の安穏と快適と充実である。平常の充実なしに自分の充実も実現もありえないのである。平常の時空間にあって平常というケを営む。ケは平常の繰返しのなかに慢性となって元気（ケ）を失い、ケが枯れてゆく。ケガレを元《もと》のケ、元気に回復させるのがハレの営みである。多くは祭礼や非日常的な行事・行為でケガレを断ち、自分や地域を刷新する。そしてケ－ケガレ－ハレという循環にケジメをつけることで生のリズムを生んだ。ケジメとは循環する流れにリズムを付与することである。ケジメによるリズムなしには個々の生も地域社会も弛緩してマンネリズムに堕した。

日常にあって、くらす、勤める、訪れるという循環にリズムをつけるのもケジメである。生の快適、充実感のためには、それぞれの場所に、とくに訪れる場所に、期待に応えるもの、よき景観がなければならない。場所の快適さ、快い景観は生のリズムに不可欠である。

都市も都市景観もいろいろな力によって形成される。まずその場所の地形、地相、位置など自然の力、「場所の力」である。ついでそこに住まう者、勤める者、訪れる者など、「ひとの力」である。さらにひとの力の集合や連携など「関係の力」である。関係は人間間だけでなく企業間、自然との間、都市間にもあり、関係の力は多岐にわたる。そして場所やひとや関係の力の合作によって、時間が地層のように歴史や物語となって積み重なってゆく。「時間の力」である。

都市や都市景観はそれら諸力によって生成、蓄積される自然環境資本や経済資本、社会関係資本、歴史文化資本によってつくられる。先にあげた諸資本も含めそれら諸資本が地域・場所の欲望・意図に応じて発揮されるとき、そこに固有の景観が形成される。まずは場所・地域の個性を把握し、その欲望と可能性をはかり、諸力と諸資本の質・量を見直すこと、そしてその上での諸力、諸資本の調和ある利用、ひとと場所と諸資本との協働が、都市景観の成熟へと導く。

諸力、諸資本を利用・協働させるものは、立場を異にする者たちの共同討議であり、時間を重ねて培われていく共同感性・共同主観である。共有する場所にあって場所への思いや欲望を語り合うことによって、意図を異にしながらも場所への共同感性が納得され、共同主観が定着してゆく。景観をつくるものは、個々の感性や主観に立脚しつつ共有の舞台にあることの自覚と義務意識から練成される共同感性・共同主観であり、それらは個々の感性や主観を含みつつ、より大きな力となって作用する。共同感性や共同主観を培うものは市民意識、地域意識であり、市民力、地域力である。それらの共同作業によって場所内にある者に納得できる景観が形成される。景観は共同感性・共同主観による共同制作、それら諸力のコラボレーションである。近江八幡市の町づくりに見たように、これからの都市景観づくりは市民力や地域力によるコラボレーションがベースで、そこに立場や価値観を異にする者の意向を映し出したバランスある景観、特定の欲望に偏しない開かれた市民景観が約束される。

共同主観が地域の景観をイメージし、それに基づいて諸力、諸資本の協働が景観を生成してゆく。

その景観づくりにはどういう手法があるか。景観はハードとソフトの面から体感されるものである。ハードの技法、ソフトの心理的技法としてどんな手法があるか。

◆市民景観をつくり上げる技法

場所、地域は雑多な欲望と期待の集積体である。景観は、それら雑多な欲望・期待に応えるものである。景観はハードな部分と季節や状況に応じて変化するソフトな部分をもち、勤める者、住まう者、訪れる者など、それぞれ異なる欲望や期待をもった登場人物が望みの演技をする舞台装置で、存分の演技ができるところがそれぞれにとってよき景観である。心をこめてつくられ洗練されたハードとソフトの景観、舞台の上に、いろいろなひとやものがリズムとハーモニーを交わし合うとき、場所とともに生きる喜びやウェルビーイングの実感が湧き出てくる。生はリズム感、躍動感、流動感である。ハードやソフトにリズムやハーモニーを奏でさせる手法は何か。

まず「つなぐ」「つながる」ことである。ひととひと、ひとと場所、ひとと自然、ひとと企業、ひとと建造物、建造物と建造物など、あらゆる事物がリズミカルにつながるとき、快さが伝わってくる。建物や街路、並木やストリートファニチュアなど諸事物の間隔「間《ま》」のとりかたなど、都市のハードウェア構成の基本である。合理性と機能性と効率本位のモダニズム建築物が高さを競い合う都心部の景観にリズムを創出しようという配慮は皆無である。「つなぐ」ことには「結ぶ」こととは違い、付かず離れずの「間」がある。関係もつながりが大切で、結びつきはとかく拘束となり絆やほだしを生む。すべてが緩やかに「つなぐ」意識で関係し合うとき、軽妙なフットワークある「つながる」時空間が生成される。

「連なる」「連ねる」ことも有効な手法である。再開発前の丸の内や日本橋地区は一〇〇フィートの高さを守り抑制された色調の建物が連なり、重厚なハード物空間ながら、リズム感があり、街路を媒介としてハーモニーを奏でていた。ペンシルビルの乱立する以前の京都の室町通りや新町通りには地味ながら町家造りの連なりのつくる諧調があった。他を立てつつ自らも立てるという自他の協調・協働でハードの建物を連ね、そういう相互呼応のソフトの心が表情となって現出したものである。向こう三軒両隣りの市民意識のつくる景観である。企業都市では形態、規模、デザイン、高さなど、すべての面で自己主張、自己顕示が優先で、調和ある街並み景観志向は貧弱で、辛うじて残っていた居住景観も風前の灯である。「連なる」「連ねる」ことは相互協働の心なしにはありえず、コミュニティの成熟とコミュニケーションの円滑なしにはありえない。「連なる」ことで物心両面のリズムとハーモニーある都市景観は約束される。

「流す」「流れる」ことも景観の基本手法である。たいていは水辺や水流を用いて空間をリズミカルに体感させるが、路地や街路、ときにはダイナミックな高速道路や鉄道でも用いようによっては「流れる」リズムを演出しえた。たとえば京都東山の石塀小路は同じ規模と色調の建物が軒を連ねて、右に左に折れ曲がる小路で流れのリズムを演出する。上賀茂神社前の社家町は水の流れと町並みが呼応しあって清爽のリズムを奏でる。東京本郷の菊坂も、少々乱雑ながらも建物が肩を寄せ合って互いに流れをつくって坂道にリズムを響かせ、レトロな味わいを見せる。都心部にあっても上へ上へと競うのではなく、スカイラインを重視し、資材に意を用い、ファサードに互いに心くばりすることで、重厚な空間にもリズムを表現しうるはずで、流れるような協調・諧和のデザインはやはり市民意識、地域意識の生み出すものである。

「見せる」「見える」も都市をつくるものに不可欠の手法である。都市にあるものは私物や私空間であっても、場所を占めるかぎりすべて公的存在である。他者と関係し他者に見られる存在である。都心部のように訪れる者の多い地域では特に「見せる」という配慮は不可欠である。「見せる」ということは自己顕示や主張ではなく、他者への心くばりであり、ともに在るという自覚に基づいた相互協調行為である。「見せる」ことは見られることであり、社会性や公共性を問われ、かつ品位を評価されることである。大きく公的場所を占拠する企業が、公共哲学を自覚し体得しているならば、六本木ヒルズや東京ミッドタウンや再開発後の丸の内のような景観はありえないはずである。大企業に公共意識や社会責任感が欠落している現状では、それらが我が物顔に都心を占有するかぎり、快い都市景観が育つはずはない。「見せる」に鈍感ならば「感じる」「感じさせる」という都市空間へのサービスにはさらに鈍感である。都市景観は「見せる」だけでなく、いろいろなことを「感じさせる」。よい感じを与えることは、個人の場合と同様、その場所を占めるものの社会的公共的責務である。

「離れる」こと、企業都市の息苦しい景観が圧迫するなかから脱出することも都市にくらす者の基本願望で、「離れる」感覚を味わえるのも生きることの密かな楽しみである。日常と化した経済的合理的価値観から「離れる」ために、脱日常体験でいのちを洗濯するために、人は他所を訪ね、あちらへと「離れる」。「離れる」ことを体験できる都市景観も必要で、それを演出するのはアナザーワールド的デザイン、小公園や森や神仏空間なども含め、日常的発想からの離脱のデザインである。

◆快い都市環境を創る基本手法

「つなぐ」「連なる」「流れる」「見せる」「感じる」「離れる」、これらを感じさせてくれるハードウエアとソフトウェアを併せもつ時空間が、リズムありハーモニーある快い都市景観である。こういう五感に優しい景観をつくるために種々の工夫、発想が試みられてきた。しかし自己顕示的な創作よりも、もっと地道な知恵、工夫が古くからわが国の景観づくりにあった。古くからの知恵が、「つなぐ」ことから「離れる」ことまでをハードやソフトの相互協働で創りつづけてきた。自然景観から導き出した知恵、基本手法である。古来の景観づくりの基本アイテムは、山、川、道で、それらが真に親和でき納得できる景観をつくってきた。それらは景観デザインのサンプルであり、基本手法のモデルであった。まず山から。

山は居住地域のなかで最もゆるぎなく、地域の象徴として、地域づくりの中心軸とされてきた。集落から都市へと拡大しても、山、ときには丘や森、巨木など自然の開示するものはつねに地域の世界軸とされ、景観の主軸とされてきた。たとえば広重「名所江戸百景」の日本橋にも駿河町にも景観の焦点には富士山があった。そのほか江戸の名所絵には多く富士山や筑波山が、小さく描かれていても、景観の核となっていた。京都では大文字・妙・法・船・鳥居・左大文字の山々が見通せる景観が大事に守られてきたし、船岡山や吉田山、双が丘、比叡山や神山、愛宕山、衣笠山、小倉山、嵐山、稲荷山、さらには東・北・西の連山など、山々がいつも市街景観の焦点となっていた。市街からの眺望の先、絵画でいう消失点に山があることによって、景観は引き締められ、近景・中景・遠景は持ち味を発揮して、市街と自然とが融和する眺めを創り出してきた。江戸・東京でも富士山や筑波山、近くは上野（東叡山）、愛宕山が景観の主役とされるように、各地いずれの都市、集邑でも山、とくに神山や城山、地域富士はその場所の揺るぎない中心軸であった。今日、都市デザインを考えるとき、山、あるいは山に変わりうる象徴を創り、それでもって景観を引き締める工夫演出が必要である。山や森や象徴物はハード・ソフト両面から地域を「つなぎ」、自他に向かって地域を「見せる」基本のアイテムである。広島市にとって原爆ドームは古い城山にかわる新しい象徴として育った。宮崎の高千穂町では森を活かし緑のまちへと実践が重ねられ小盆地ならではのなじみのまちへと成長させた。山や象徴物は主張でなく、もの静かに地域を示し、地域を語りかける。

川は、京都の鴨川に見るように、市街にリズムをつくり、近景・遠景を流れるように「つなぎ」、町々を「連ね」、場所に「流れる」リズムをもたらしてきた。川は上流にも下流にも開ける眺望をつくり、山と同様、彼方へと目を開かせ、心をも開かせる。流れる川は精彩ある表情で景観を流動させる。「つなぎ」「連ね」「見せ」「感じさせる」川は、大阪、広島や長崎、岐阜や高山、柳川、日田など、規模の大小を問わず、とかく凝固しがちな都市空間に、生気を与え、都市景観の主軸でありつづけてきた。近代日本は川を横柄に「治水」し、生産や廃棄に「利水」してきた。川は押さえつけ、利用する対象でしかなかった。川と親和すること、「親水」が都市景観の今後のポイントである。川を甦らせ、あるいは川に代わる流動体を都市に創出することが、これからの都市景観デザインの基本手法である。たとえば近江八幡市が八幡堀の修景によって美しく活気づいたように。流れは場所の輪、リズム、人の和を演出し、ハーモニーへと導いてゆく。広島市中を流れる太田川の親水空間づくりや宇治市の宇治橋からの景観の保全は、居住者も来訪者も場所に誘いかけ、なごませてくれる。

道は都市景観の動脈静脈である。街路、小路、路地、表通り、裏道など、大動脈から毛細血管まで、それらが清々しく「流れる」とき、人の表情は明るく、都市も表情、活気ともに爽やかである。道はここからあちらへ目を開かせ、並木やストリートファニチュアなどの大道具小道具を誘って、市街にリズムとハーモニーを演出する。西欧の都市は街路の彼方にオペラ座やカテドラルなどアイストップがあり、流れ連なる景観にまとまりをつける。道は奥や彼方へ目を誘い、心を開かせ、関心をそそり、人を参加させる。景観に奥行きをつけ、彼方へと目線と気持ちを誘導する技法をヴィスタと言うが、道はその最も手近で有効な技法である。裏道にも路地にも気の利いたヴィスタがあり、街路にも、建物や並木などの装置を含め、ヴィスタがある。表参道や明治外苑、かつての銀座は東京に数少ないヴィスタ景である。見方を変えれば、エルメス、コーチ、ヴァレンチノ、バリー、セリーヌ、アルマーニ、ディオール、グッチ、シャネル、ルイヴィトン、カルティエ、ダンヒル、ブルガリ、ティファニーなど、ファッショナブルな建築が通りを彩る銀座、世界建築デザイン美術館の観を呈する最近の銀座も、「見せる」「感じさせる」「離れる」などの機能を考えれば、ヴィスタのある景観である。保存修景された町並みや、京都の錦小路や寺町通りも小さいヴィスタで訪れる者を楽しませ、くらす者に誇りをもたらす。日本は道の景観の後進国であるが、道の見直し、とくにヴィスタ景観づくりは、道が人間と都市の血流であるだけに、今後の都市景観の最も喫緊事である。それとともに「風景構成法」のアイテム、田（広場）、木、家（建物）も見直しを迫られており、それらの上手な演出が活き活きした景観へと誘導していくはずである。生活景を見直そうと重要文化的景観の指定が始まり、三十か所近くが指定された。田畑や道路、里山や川筋の魅力の再確認を超えて、これからは都市景観づくりの指針として、生活臭と共同体臭ある都市生活景の再生、新生へと働きかけるのが課題である。東京豊島区のグリーン運動のように。

◆デザイン力を生むもの

都市景観をつくるものは、都市民の生活環境への欲望、要望である。安心安全、快適充実など個人並びに地域の欲求が都市イメージを描き、望ましい都市景観づくりの思想や手法を導き出した。

都市景観のイメージ、「つなぐ」「連なる」「流れる」などを具象化するイメージを描き、イメージに沿って景観を造形するのは誰か。都市のそれぞれのゾーンの主体、主役である。特に居住地域では、勤める者、住まう者、訪れる者を一身に体現した都市民である。わが町はわが要望に基づき、わが感性によって構想するのが正道である。わが都市の景観づくりは、「美しい町」構想を掲げて実施する神奈川県真鶴町や滋賀県長浜市に見るように、中心部から郊外まで含め、まず現状認識とそこに蟠る問題の自覚から始まり、イメージへと進む。企業都市の景観は競合的顕示的で威圧的である。その修景のためにはゾーンの主体、企業の意識変革が先決である。訪れる者や住まう者との連携、企業間の相互協働、さらに公共性、社会性の自覚によって、競争でなく調和の景観へと導くのである。かつての同潤会の試みや大阪中之島景観はその一例である。

近接周辺部の今後を考える上で、かつて銀座から日本橋・神田・上野・浅草にかけてあった下町風情は参照すべき旧モデルである。下町は生産・消費・流通も、学びやあそびや交際も、自前意識が強かった。町角や辻に、路地や裏道にものの匂いやひとのぬくもりが漂い、生活世界があった。都心部がハレの舞台であろうとすれば下町は生活の舞台、日常ケの時空間である。新しいタイプの下町こそ周辺部に求められているデザインであり、ハレ時空間の都心部とケの周辺部との交歓によって、都市の時空間にケジメが生まれ、互いの間にリズムも生まれる。都市のゾーンのそれぞれが分を弁え特性を自覚した棲み分けの演出である。

郊外、とくにニュータウンや大規模団地は、都心回帰現象や非成長路線の風潮のなか、大きな転換期にある。郊外に期待することは何か。西欧先進国でもパリのデファンスや、ベネチアやフィレンツェの郊外づくりに見るように、観光市街と業務域、郊外居住域の棲み分けなど、郊外は問題を抱えたまま、新しく造営されたり再生されたり、試行錯誤つづきである。日本では郊外造成の意図がくらすことにあったにもかかわらず、くらす者の気持ちは落着かず、意識はつねに都心など他にあった。流民意識の居住民からは地域力も市民力も生まれず、地域を育て、誇りとする景観をつくる動きなど芽吹くわけもなかった。いま必要なのは郊外観の刷新である。郊外を住居地に特化せず、都心部や周辺部とちがう機能と表情をもつ地域として棲み分けるのである。たとえば都心部から学術研究や医療研究機関、先端科学研究機関などを招致する。諸外国人をも対象とする文教施設、スポーツやイベント施設、他府県市のアンテナショップや交流機関などの誘致、定着をはかるのである。生産機能ではなく、学びとあそびと交流・交歓の象徴的地区とするのである。そしてそれら諸機関、諸施設をつなぐものとして居住域をつくる。高齢社会下、さらに目的も機能も意匠もちがうとりどりの高齢者用居住施設や作業施設、交歓と匡正施設を点在させる。老いのユートピアづくりである。内部において生産・消費・交歓・交流するだけでなく、経験を活用して、他機関やイベント施設とも交流する高齢者の新しい居住形態を創出する老いの無可有郷《ユートピア》、内部で自立をはかりつつ外部に開き、外部も積極的に参加しうる老い《オイ》トピアである。郊外は勤める者のねぐらではなく、年齢階層も多様、目的も多彩なものが交歓し合う新鮮にして成熟したユートピアとなり、新しい郊外観のもとに新しい郊外景観を創出してゆく。

都心部、近接周辺部、郊外都市を構成するゾーンそれぞれの考えかた、意識の改革が、これからの都市、都市景観づくりの前提である。そして三ゾーンが分担し合い、棲み分けを弁え、他をサポートし合い、重層的に交流しつつ、自立しうる方向へと生長していくには、主体としての市民の成長がこれまた前提である。市民意識と公共意識をもち市民義務を負う自立した個々人が互いに協調し協働するところに、個人を超えた共同感性・共同主観が形成され地域に根付いた。同様に、三つのゾーンにおいてもそこに積極的に参加する者の相互協働によってゾーンの共同感性・共同主観が生成し定着し、そこからゾーン固有の景観イメージが胚胎し生長し、かつ成熟してゆく。個を超えた市民力、地域力が共有しうる景観を造形する。

デザインとは、いまは存在しないがあるべきもの、あってほしいものをイメージし、そのイメージを実現へと誘導していく技法である。こういう人生が望ましい、こういう人間でありたいと、人間は自分の人生をデザインし実現に向け精進する。同様に、こういう都市にくらしたいという願望のもと、参加市民との協働で形成した共同主観に基づいて都市景観をデザインし、共同景観へと働きかけてゆくのが正道である。デザインとは個人にあっては生の作法であり、都市にあってはそこでの生存の作法である。デザインが個人の生きかたを導き、都市のありかた、都市景観をも形成する。

◆よい生存環境がウェルビーイングをつくる

景観とは人間が生きる欲望や要望によって見出す舞台、グラウンドである。舞台なしに人間は自らの生を営めず、演技しやすい舞台を選びとるのが誰しもの願いである。景観は表層的な舞台装置ではなく、生の質、人生の意味をも決定しかねない地盤である。どういうゾーンにあって、どういう舞台を選び、どういう人生の設計をするか、それらに応える行為が生のデザイン、景観デザイン構想である。人生のウェルビーイング・デザインがそれにふさわしい景観デザインを要求し、また景観デザインが人生の演技に大きく働きかける。人生と景観の両者は相互共生、相互協働関係にあり、関係の指揮をとるのがデザイン行為、デザイン力である。

デザイン力は個人の欲望がつくり磨き上げるものであると同時に、場所や景観のデザインの場合は、場所を共有する者との相互協働で生成される共同感性や共同主観によって培われ練られる。共有志向に裏づけられたデザイン力によって地域全体の共同創作物として景観はつくられ、育てられる。京都町衆たちの暗黙の共同志向によるデザイン力と、それのつくり上げた町並みのように。共同感性と共同主観がデザインした共同景観は、個人の個性的デザインとちがい、地域全体が納得しうるすぐれた都市景観である。

かつて人間は自然に侵入し、自然を利用し、ときに共生することもあったが、都市化につれて自然を破壊し追放してきた。都市化とは人間と自然との関係の歴史、それも人間の一方的な侵略史であった。都市化社会とはいえ、いまも山や川が景観の核となり導きとなるように、人間の欲望を超えたもの、自然やその象徴物の力をかりる敬虔さも景観づくりの基本心性である。今日の都市景観は人間の欲望・要望の形成したもので、それを修景し変革し、新たに創生するものは、共同感性と共同主観の導くデザインであり、個々の人間の感性や主観を超えたものの導くデザインである。すぐれた景観は、自然の開示するものに従い、地域社会の共有志向、共有欲望に基づくデザインに従い、参加市民の相互協働によってつくられ、育てられる。そういう景観は時間とともに地域遺産として根づき、地域の誇りとして成熟してゆく。

よき生、望ましい共生としてのウェルビーイングは、よい環境、誇りうる背景のなかに営まれる。ともにつくり上げる場所、協働という関係の積み重ねの上に培われる共生こそ、ともに享受しうるウェルビーイングである。私たちは納得できる場所、誇りうる景観のなかに、みんなと和して生きていきたい。そういう場所・景観は地域に根ざした共同主観、みんなと語り合う関係のなかに培われる。そこに、個のウェルビーイングも、場所や関係のつくる共同体そのもののウェルビーイングも生まれてくる。

〈終〉

ウェルビーイングのための生存学

ウェルビーイングは専ら福祉や社会保障問題、
精神医療などで用いられてきました。
しかしウェルビーイングは
「よく生きる」「よい生存のありかた」という
もっと根本的な生存学のテーマです。
人間の生存状態も生存環境も悪化しつづける現在、
ウェルビーイングを考えることは、
環境のなかに人間をとらえ
人間らしい存在様態を考え直す基礎人間学となるはずです。
普通の人間が、日常の営みのなかに、もろもろのものと
共存しつつ、自を充実させ、他と協働して和を創出する、
そんなウェルビーイングの作法が、
西田幾多郎にも、宮沢賢治にも、
そして意外にも瘋癲の寅さんにも見てとれます。
ウェルビーイング学は
来るべき生存倫理を創る新哲学への径です。

◆宮沢賢治の人間認識

わたくしといふ現象は、
仮定された有機交流電燈の
ひとつの青い照明です
(あらゆる透明な幽霊の複合体)
風景やみんなといつしよに
せはしくせはしく明滅しながら
いかにもたしかにともりつづける
因果交流電燈の
ひとつの青い照明です(後略)

宮沢賢治の最初の詩集『春と修羅』の巻頭、「序」詩です。賢治は自らの創作の出発に当たって、先ず自分とはどういう存在であるか、と問います。「わたくし」はあいまいな「わたくしといふ」「現象」に過ぎず、実体はない、しかもその「現象」は電気が流れることで明滅すると「仮定された」あやふやな現象です。自然のなか、みんなのなかでつながり、離れ、せわしく明滅を繰返す不安定不確定な青い光、それが「わたくし」やあらゆるものの存在のありよう、現象だというのです。すべてのこと・ものは固有の自性をもたず、原因や条件（縁）によって生起消滅するという縁起思想、仏教のいう生存の理法の自覚です。この縁起思想、仏教の存在論を平易に説明した文章があります。

「すべてのものが無「自性」で、それら相互の間には「自性」的差異がないのに、しかもそれらが個々別々であるということは、すべてのものが全体的関連においてのみ存在しているということ、つまり存在は相互関連性そのものなのです。根源的に無「自性」である一切の事物の存在は、相互関連的でしかあり得ない。関連あるいは関係といっても、たんにAとBとの関係というような個別間の関係のことではありません。すべてがすべてと関連し合う、そういう全体的関連性の網が先ずあって、その関係的全体構造のなかで、はじめてAはAであり、BはBであり、AとBとは個的に関係し合うということが起こるのです。／「自性」のないAがそれだけで、独立してAであることはできません。それはBでもCでも同様です。「自性」をもたぬものは、例えばAである、とか、Bであるとかいうような固定性をもっていない。ただ、かぎりなく遊動し流動していく存在エネルギーの錯綜する方向性があるだけのこと。」（井筒俊彦『コスモスとアンチコスモス』「事事無碍・理理無碍」）

賢治の詩と井筒の文章とは映発し合ってあらゆるものの存在の様態をイメージ豊かに示します。存在するものは、風景という「場所」のなかに、みんなと「関係」しながら、互いに因となり縁となって明滅しながら、それぞれ現象となって現れます。ここに表現されているのは仏教の原思想です。すべての存在は縁（原因・条件）によって生起消滅し、「全体的関連性の網」にあって「関係的全体構造」のなかで、現象となって顕在化するのです。「わたくし」だけでなく「風景やみんな」も、関係のなかで明滅しながら、「かぎりなく遊動し流動し」つづける相互関連的存在で、そのものという「自性」（実体）はなく、互いに交流し明滅する現象的なものです。

　賢治の生を支えたのは仏教の原思想、根本哲学でした。仏教はウェルビーイングの思想であり、あらゆる存在するもの・ことの真理を究め、それをよりよき存在へと導こうとする実践哲学です。賢治は仏教をウェルビーイングの教えと正しく把握し、そのウェルビーイング思想の実践を菩薩道として、生涯躬行《きゅうこう》しました。存在すること・ものの真理、生存の理法の自覚（智慧）を土台とする仏教は、存在の認識論にとどまらず、よりよき生存への心構えを説き（禅定）、実践（戒律）を本道とします（戒定慧＝三学）。そのため認識論的な真理、ダルマでなく、実存的な生の真理から出発します。「生きること、存在することの四つの真理《ダルマ》」（四諦《したい》）が根本の真理です。生きることは苦であるという真理（苦諦）、苦は何によって生じるか、苦の原因を見つめる真理（集諦）、苦を滅し悟りに至る道に関する真理（滅諦）、悟りに至る修行・実践方法に関する真理（道諦）の四つの真理です。苦には生老病死につきまとう生きる苦、老いる苦、病む苦、死にゆく苦の四苦の他、生きる上で関係し生起する苦、愛別離苦、怨憎会苦、求不得苦、五蘊盛苦の四苦があり、生は四苦八苦とともにあります。四諦はこれら苦の諸相を見つめ、その原因を探り、そこからの解放を願い、そして実践へと導く臨床的知です。その四諦の認識の上に、苦からの解放への具体的実践道が説かれます。正しい見解（正見）、正しい心構え（正思惟）、正しいことば（正語）、正しい行為（正業）、正しい生活（正命）、正しい努力（正精進）、正しい思念（正念）、正しい瞑想（正定）という八つの正しい行業（八正道）です。真理の正しい認識に立って正しい行いを実践するとき、無明《むみょう》という闇は晴れ、存在するもの・ことの真実の智慧に気づき、苦から解脱し、よりよき生が実現する、というのです。戒定慧の三学も八正道と同様、生存の真理をわきまえ、よりよき生へと自らを律していく仏教のウェルビーイング実践哲学です。仏教は生存の真理に目ざめさせ、よりよき生へと導こうとする思想と方法で、釈尊は自ら実践したウェルビーイング哲学の創始者だったのです。そして宮沢賢治はこのウェルビーイング哲学としての仏教の考えと方法に共鳴したのです。

◆賢治の実践哲学デクノボー

賢治は『春と修羅』の「序」詩で、「わたくし」をはじめ存在するものはすべて全体的相互関連にあって、生起消滅する現象である、と的確に把え、認識論的存在論として詩にしました。「序」詩が縁起思想による四諦に当たるものとすれば、仏教思想の実践たる八正道や三学に当たるものとして、賢治は一篇の詩を躬行しました。つねに持仏《じぶつ》のように携えていたノートに記された「十一月三日」と題された詩、「雨ニモマケズ……」の詩です。「序」詩と「雨ニモマケズ」の二つの詩は、ウェルビーイング哲学＝仏教を生きようとする賢治の認識哲学と実践哲学です。

「雨ニモマケズ／風ニモマケズ／雪ニモ夏ノ暑サニモマケヌ／丈夫ナカラダヲモチ／」と詩は始まります。自分の身体への決意です。相互関連し互いに因となり縁となる生存の場では弱い身体は自他に対して迷惑です。丈夫な身体は全体的関係のなかに在る者の留意すべきことです。釈尊も丈夫でした。身体面での心構えにつづいて精神面の実践が語られます。

欲ハナク
決シテ瞋《イカ》ラズ
イツモシヅカニワラッテヰル

この三行も仏教の実践道です。仏教では人間すべて免れない悪、衆生すべてを害する悪の根源として三つの避けられない煩悩をあげます。貪欲《とんよく》・瞋恚《しんい》・愚痴《ぐち》です。略して貪《とん》・瞋《しん》・痴《ち》、三毒ともいいます。生きる上で欲は限りなく、内に外につねに苛々と瞋り争い、四諦に言う真理に気づかず理非の分別なく、自分やモノに執着する、その愚かな存在が人間ですが、その三毒を断つことができれば、迷いのない生存、ウェルビーイングが保障されます。貪欲を「欲ハナ」い不貪に、瞋恚を「決シテ瞋ラ」ない不瞋に、愚痴を生存の真理をわきまえた「愚かでない」不痴にすれば、三毒は克服されます。貪らず「施」し、瞋らず「慈」で接し、愚かさを離れ縁起の智「慧」を生きる、すなわち三毒を転じて、施・慈・慧の三善根を実践するのが、八正道や三学と並ぶ仏教の基本実践道です。互いに関係し合う全体的な縁起世界に生きる上で、三毒克服は必須の人間道でした。賢治もまた「序」詩に示した認識に立って三毒の克服から始めます。貪欲を去り瞋りにとらわれず、仏の教え、真理に目ざめた者らしく智慧をたたえた微笑を絶やしません。「シヅカ」な笑いは如来像や菩薩像の笑みに見るように仏知の証しです。この三行は三善根を実修しようとする賢治の自画像です。

つづいて詩は三善根の具体的な実践へと移ります。必要以上のものは摂取しない。「アラユルコトヲ／ジブンヲカンジョウニ入レズニ／ヨクミキキシワカリ／ソシテワスレズ」、自利よりも利他を心がけ、仏の教えを認識し保持しつづけることを誓います。貧しい小屋にあって、東ニ、西ニ、南ニ北ニ、と奔走し、助け、慰め、優しい智慧、慈悲をもって人びとの声を聞き、苦をともにします。そして「ミンナニデクノボートヨバレ／ホメラレモセズ／クニモサレズ／サウイフモノニ／ワタシハナリタイ」と結びます。

法華経に常不軽《じょうふきょう》という菩薩が登場します。「我敢て汝らを軽んぜず、汝らみなまさに作仏すべきが故に」と、常不軽菩薩は誰に会っても手を合わせ礼拝します。その姿は愚か者と見えます。差別なくみんなのなかを「ナミダヲナガシ」「オロオロアル」く賢治もまた愚か者、デクノボーと見えます。それが「ジブンヲカンジョウニ入レ」ずに実践に努めた賢治の菩薩道でした。ウェルビーイングの智慧と実践を説く仏の教えは、みんなのなかにあって、みんなと共有されるものでなければなりません。デクノボーは仏知の和光同塵の姿でした。

賢治はつねに「全体が幸せにならなければ」の立場を貫きます。農民たちとともに農地を拓き、土壌を改良し、作物を工夫するだけでなく、生きることは生存の真理をわきまえ、実践し、表現すること、創造的生活だとし、農民たちとともに農民芸術運動を展開します。土地や場所を大切に、互いを認め合う関係を育て、作物をつくり、真理を聞き、体得し、考えたことを各々表現する、そういう創造する生こそが生きるということ、ウェルビーイングだ、として、みんなで協働し実践しました。そこに「億の巨匠が並んでうまれ／しかも互いに相犯さない」という共同体が出現します。巨匠とは日々を創造的に生きるすべての人びとです。しかも関係し合い並び立ちながら、ひとりひとり自立しているのです。そこから「もろともにかがやく宇宙の微塵となりて無方の空にちらばらう」という壮麗なイメージが生まれ、宇宙マンダラともいうべき仏国土への呼びかけが発せられます。賢治が生涯を貫いて実践したのは、自らを、自らとともにあるみんなを、ともに存る場所を、そしてこの国を、ウェルビーイングへと導くこと、仏教が本旨とするウェルビーイング哲学を実現することで、個々が「青い照明」となって輝く世界を創造することでした。

◆瘋癲《ふうてん》の寅さんの生きざま

宮沢賢治の実践するデクノボーとはちがって、ぐっとくだけたデクノボー的スタイルを貫いた人物もいます。山田洋次監督の映画『男はつらいよ』の主演、渥美清演じる寅さんです。高度経済成長下、貪・瞋・痴の三毒が蔓延する時代にあって、瘋癲の寅さんは珍しく三毒を捨離して生きます。寅さんは東京の下町柴又《しばまた》の日常関係を破るようにぷいと出奔しては、新しい土地を訪れ、いろいろなひとやことに出会い、トラブルに巻き込まれます。寅さんは事態を混乱させもしますが、人情と機転と笑いでひとを元気づけ、土地を活気づけて、また日常へと帰っていきます。寅さんは、不貪・無欲です。不正には怒りますが無用の瞋りや争いをせず、いつも笑顔で、ひとを笑いに誘います。寅さんのバックボーンとしたのは仁義です。慈しみの心をもち義理・道理を貫く生きかたです。どんな状況にあっても仁と義を貫き、おとこ気を通すことは「つらい」。しかし寅さんはひとの苦しみを聞いて同情し、東に西に遊動し流動し、笑顔をもって事に当たります。寅さんの微笑は智慧からの笑みというよりは人知からの人間味ある笑みです。

日本では客人《まれひと》（神《かみ》）という来訪神伝承があります。みすぼらしいやつし姿でやって来、はじめは疑われ恐れられながらも、土地を活気づけ、祝福し、感謝されていずこともなく去ってゆく客人です。カミは簑や笠などで姿をやつして人界に入ってきます。和光同塵です。寅さんもハンチングと肩にひっかけたジャケット、腹巻、それに雪駄《せった》という、股旅者《またたびもの》や仁侠《にんきょう》の徒など流れ者に通じるやつし姿でやって来ます。寅さんの訪れるところは元気のない土地、被災地などが多く、そこでトラブルに巻き込まれながらも笑いで人びとを元気づけ、情にほだされても情に溺れず、仁義を通します。寅さんの映画が毎年、正月と盆に封切られたのも、寅さんが庶民の期待する来訪神であり、ウェルビーイングをもたらし、不正を匡す正直《せいちょく》の仁義者だったからです。三毒とは無縁の寅さんはみんなのなか、困っている人びとのなかに入って、人びとと土地をウェルビーイングへと導く庶民の菩薩です。少しやくざっぽいながら、賢治同様、デクノボーを生きたのです。

寅さんにも自覚を超えた仏知、ひとをウェルビーイングに導くのが仏の教えだとする庶民の知恵がありました。寅さんは土地を愛し関係を喜びます。しかしそこに停留したり執着したりしません。居つづければ情も移り欲も起こります。とらわれこそ寅さんの避けた生きかたです。ふらりと出奔しては、ふらりと訪れ、ふらりと帰っていく。「遊動し流動していく」漂泊の身に無我無所執の仏知が、当人も気づかずに体得され、何ものにもとらわれない正直《せいちょく》の生、ウェルビーイングの気が漂い出、それがまた土地を浄め、祝福していきます。寅さんもまた庶民デクノボーとして創造的生、ウェルビーイングの種を播いて歩いたのです。創られた人物でありながら、寅さんは庶民に待たれる存在となって、実在以上に親しい存在、生の一モデルとなりました。

賢治はみんなのウェルビーイングを願って「イーハトーブ」共同体を構想し、寅さんは客人として土地を訪れては笑いではからずもウェルビーイングの町おこしを行いました。ともに場所と、そこに生起する関係を創りかえることがウェルビーイングの基礎であるとし、仏の教えを抹香臭くなく実践してみせました。ささやかながら、ともにウェルビーイングのたしかな思想と方法がありました。

◆よい場所・よい関係・よい時間を求めて

よりよく生きることはひとの究極の願いです。そのためには、よい場所、よい関係、そしてそれらが紡ぎ出す充実の時間がなければなりません。よりよき生のありかを求めて、古くは荘子はこの世に

「何有」（何か有らん）と、何の作為もない楽土「無何有郷《むかゆうきょう》」を唱え、孔子は「十有五にして学に志」してより七十の古希へと、年齢に応じた生きかたで成熟しつつ、社会的歴史的存在を経験し、社会に包摂されていくライフコースをウェルビーイングのモデルとして述懐しました。仁義礼智信の五常の教えも望ましい社会内関係のありかたを説くものです。仏教がウェルビーイングへの実践哲学であるとすれば、儒学は人間の社会内存在、社会的関係に重点をおいたウェルビーイング作法訓でした。俗業を離れた陶淵明は俗事俗縁を離れた理想の場所を願って「桃花源記」で理想郷・桃源郷を描きました。中国で頻発する政治改革やクーデターにも、各々よりよい社会、よりよい生への構想があるものの、夢想の実現にはほぼ至りませんでした。

ヨーロッパでは十六世紀初め、T・モアが、空想的社会小説『ユートピア』で人間の理想的進化と宗教的寛容の世界、どこにも実現しえない無何有の理想郷を構想しました。二十世紀に入っても未来小説はつづきます。一九三二年、A・ハクスリーは皮肉なタイトルの『すばらしき新世界』で人間のためと称して非人間化していく進歩の世界を描き、一九四九年、G・オーウェルは、『一九八四年』で全体主義体制の暴政にあえぐ人間群像を描きます。近現代の未来小説はすべて暗澹たる世界で、ユートピアは残酷世界と化していきます。そこでは人間のウェルビーイングなど全く描かれず、支配層のつくる社会体制の理想像が、当時の全体主義やファシズム、世界大戦などの空気を反映して、残酷なまでに悲観的な未来像として描かれます。その後も市場経済と競争原理の下、ウェルビーイングは未来小説においてテーマ化されることはありませんでした。

日本でも古く、たとえば江戸時代、よき生、よき世をめざして、宮沢賢治と同じく奥州南部の地で新しい生の哲学が提唱されました。安藤昌益の「自然真営道」です。自ら耕すこと、努力精進する直耕の精神による労働をウェルビーイングの基とし、農という人間の最も基本の営みの上に共同体そのもののウェルビーイングを図ろうとする先進解明的な生哲学です。二十世紀に入っても初頭、西田天香が托鉢奉仕を通じて光明世界を共有しようと修養団体「一燈園」を立ち上げました。自利よりも利他、ひとの嫌う仕事に奉仕しながら社会の関係を変えていこうとする運動で、いまも存続し、その精神に基づく企業活動もあります。これも場所よりも関係に重点をおいた社会改良運動で、社会のウェルビーイング化の営為でした。大正期には武者小路実篤が、みんなが能力に応じて働き平等に分配される調和的共同体の理想郷をめざして、宮崎県に「新しき村」を創りました。ここでは小規模ながら、場所の、そして人間関係や人間とものとの関係など、関係のウェルビーイングが推進されました。他にもキリスト教精神に基づく運動や新興宗教活動など、人間と社会のウェルビーイングをめざす運動や団体が試みられましたが、賢治の菩薩道や寅さんの行業のように広い共感をもって迎えられたものは殆どなく、ヨーロッパ同様、未来構想で人びとの心にしみ入る試みは、賀川豊彦や水平社の活動などを例外として、絶無でした。

未来記や未来イメージが精彩なく暗澹としているのは、近現代という時代の空気のせいであり、ウェルビーイングを想像する立場や方法が錯綜し、そのイメージが結びにくいためです。経済主義と目先の快感原則に翻弄されている現代、目下のウェルビーイング処方も見えず、ましてや将来に向かってのウェルビーイングの思想と実践道の構築は難事です。そんな軽佻な風潮のなかに弥縫《びほう》策のように話題化されているのが経済的価値観に立っての「幸福学」という非哲学的処世法であり、ブームと化した「健康術」です。現代は、原初の仏教のように根本からウェルビーイングを思索し、その思想と方法を構築するには不向きな時節です。しかし、人間を含めすべてが軽薄に流れる時節こそ、歯止めとしての生の哲学、よりよき生を構想するクリティカルなウェルビーイング学の創生が待たれているのではないでしょうか。

◆人間学、生存学のめざすもの

現代にあって、ユートピアとか幸福学を志向するのでなく、いかに生きるか、よりよい生とはどういう生で、それはどうすれば実践しうるか、ウェルビーイングという生涯の究極の願いを思索し構想し実践するにはどうすればよいか。複雑錯綜し混沌を深める状況下、ウェルビーイング観も錯綜するなかで、生存の究極の課題を考察するために、ウェルビーイングの考えかたの一端をうかがってきました。第Ⅰ部では一個の人間の生のありかたを、人生／歴史的社会的生／境涯という三つの見地から、日本の古典や伝承に現れた知恵を見直し、生きるという事態に対する姿勢・思想・処世法を、先人の声や思念から再生してみました。一個のウェルビーイングから、みんなとともによき生を創り出そうとする努力の跡も見つめてきました。「吾は吾」として生きつつ、他と交わり相互協働することで個の生きる場所と関係をウェルビーイング化する方途も歴史のなかに見てきました。人生の完結という究極のテーマに向けての思索と精進のありようを、わずかな例にしろ、具体的に見つめ、人生という難事業への対処法も先人とともに考えてきました。一個の人間のウェルビーイングは他に及び、場所に、社会に、交流し灯ります。

第Ⅱ部では、このウェルビーイングも、生を営む場所、そこに生起消滅する関係に依存するとして、人間がそれなしには生存しえない場所、関係、そしてこの二つの紡ぎ出す時間、という面から、個を超えて考えをめぐらしました。どういう場所にウェルビーイングは保障され、また場所そのものもウェルビーイング化され、創造的なよりよい環境となるかを、親和的な都市を例に考察、さらにみんなが参加する創造的場所のなかによき関係が保障され、場所と関係の相互協働のなかにウェルビーイングへの共同主観ともいうべき思想と方法が培われることを具体例で示しました。混迷混沌を深め、差別や格差を激化していく都市環境のなかで、場所のありかた、人間関係も含めいろいろなものとの関係の処方を抽出し、都市民として生きる作法を未来への町づくり展望とともに提出しました。よい場所、よい関係が相俟って、私時間、共同体時間、公時間など多重の時間を紡ぎ出していきます。多重化された時間を生きるとき、ライフコースは充実しウェルビーイングも保障されます。場所も関係も時間も所与のものでなく、そこに存在するものみんなで協働して共創するもので、共同主観による共同イメージが個を包摂した地域の、共同体の、都市の、ウェルビーイングを導いていきます。よい場所、よい関係、それらによる充実の時間、そして三者のつくる生存環境、そのウェルビーイングなしに個のウェルビーイングはなく、ウェルビーイングは個と生存環境の協働の上に共創されます。

釈尊の教えが人間と人間社会の実相を見つめ、よりよい生への思索と処方のウェルビーイング学であったように、諸学や諸賢人が追求したのがよき生存への思想と方法であったように、人間学、生存学のめざすところはウェルビーイングのための実践的哲学です。哲学や倫理学、歴史学をはじめ人文学、社会科学、精神科学、環境科学など諸学、諸方面からの学際的、縦断的横断的、総合的な考察を通して、ウェルビーイングとは何か、どうすれば可能か、という問いへの解は開けてきます。しかもウェルビーイングは固定を嫌いつねに生成・変化しつづけます。よりよい生存、よりよい人生の思索と対策は、究極の人間学であり、異質なものが関係し合って開ける楽しみある生存学です。

緒で例示した西田幾多郎とここで登場した宮沢賢治と寅さん、奇しき出会いを、異な因縁を、三者は「シヅカニ」微笑して眺めていることでしょう。その微笑にウェルビーイングの隠し味を見たいのです。

跋

私たちは場所という舞台の上で、いろいろなひとやものと関係しつつ、ひとり芝居やホームドラマ、ソシオドラマなどを演じ、人生という歴史物語、時間を紡いで生きていきます。人生ストーリーで願われるのは、よい生存、よりよい生きかた、よい人生、つまりウェルビーイングです。ウェルビーイングとはどんな生で、どうすれば可能か、個の生老病死への処しかたや日常という生活世界での「私」のありかたから、社会や世界など「公」との共存のありかたなどを、東西古今の知恵を借りて素描してきました。そして人間の基本の願い、ウェルビーイングを人間学、生存学として見直し、生態学や社会学、精神科学や倫理学、哲学、史学、民族学など多分野の知恵を統合する新しい学、ウェルビーイング学を提唱したい、という僭越《せんえつ》な思いもこめました。価値観が多様化するなか、ウェルビーイングも多様、多義です。ここでは第一歩として、個の立場と公の世界の両面から、ウェルビーイング学の創生の方向を思索してみました。多分野の方がたと協調し協働しながら、多様な生のありようを見つめ、刺激的なウェルビーイング学を構想していくことが願いです。

出版に際しては、日本評論社の永本潤さんに綿密な点検、適切な修正やアドバイスをいただきました。固苦しい内容が読みやすくなったのも永本さんとの共同作業のおかげです。ありがとうございました。

跋文としては異例ながら蛇足を加えて締めます。老人の処世法や人生の終わりかたを点描しましたが、もうひとつ肝心のことを残しておりました。人生はやり直しがききません。だからこそぜひ人生を、人生というストーリーを推敲してみたいものです。しかしわが人生を辞世で格好をつけることはあっても、わが人生の推敲は稀です。稀ながら、周知の事例でウェルビーイング学への導きの締めといたします。

＊

元禄二年の半年に及ぶ「奥の細道」の旅のあと、芭蕉は二年余、湖南や京都を中心に上方に留まり、俳諧の新境地開拓につとめた。そして久しぶりに帰った江戸でも晩年の境地「軽み」の新風の模索はつづいた。元禄七年、五十一歳を迎え老衰を自覚、郷里伊賀への思い止みがたく、「麦の穂を頼りにつかむ別れかな」という心境句をのこし、最後となる旅に出た。上方での巡歴・仮寓ののち、九月八日、門人の求めに応じ大坂に向かう。十日から発熱・悪寒。招かれるままに歌仙を興行し、新境地を語り導く日々のなか哀弱は昂じ、二十五日、ふと「此道や行く人なしに秋の暮」という本音も漏れる。俳諧という道を歩んできて、老残のなか、来し方行く末を思い見たときの孤影悄然とした「所思」句である。翌日には「此秋は何で年よる雲に鳥」という「旅懐」がこぼれる。孤影はさらにはかなくなり、雲のなかに消えゆく鳥が、たった一人の人生行旅だったと、我がことのように映る。二十八日には「秋深し隣は何をする人ぞ」と、旅宿にあって孤愁を噛みしめる。二十九日には病床につき容態は悪化してゆく。十月五日、病床が貸座敷に移され、各地から門人が日を逐って馳せ参じてくる。そして八日夜、看病に当たっていた呑舟を呼んで墨をすらせ、「旅に病んで夢は枯野をかけ廻《めぐ》る」の一句を口授し筆記させた。他に二、三の句案があり、看病の弟子たちに尋ねたりして、死期を前にいまなお句づくりの妄執にとらわれた自分にあきれつつ、「かけ廻る」に落ち着いた。そしてこの句をもって一筋に歩んできた俳諧、風雅の道をきっぱりと止めると宣言し、人生の完了したことを告げた。

しかし芭蕉の風雅の道への執念、自己完成への妄執はこれで終息しなかった。翌日、病床に門人支考を呼んで句の改訂を告げる。数年前、「大井川浪に塵なし夏の月」の句をつくったが、この句、先月二十八日、招かれた園女亭で「白菊の目に立てて見る塵もなし」と、園女の清々しい応接と亭のたずまいに感服して挨拶を送った句とまぎらわしい。「これも亡き跡の妄執と思へば」、このままでは死後にも悔いが残ると思うので、つくりかえたいと言って、「清滝や波に散り込む青松葉」と修正し決定稿とした。死の床にあって「塵なし」という句が気になり、ましてや一句は献呈句とあって、休心できない。生涯を時代に先んじてつぎつぎと新しい境地をきり拓いてきたものにとって、類似の句は許せない。俳諧を断つときっぱりと先日宣言したのに、妄念はつきまとう。気になる汚点は払拭し、妄執はきれいに絶たねばならない。句の改稿は、文業の推敲・整理と、自分の生涯の推敲・整理であった。「清滝」の句が芭蕉生涯最後の句となった。思い残すことはないと言っておきながら、最期の最期まで自分の文業と所業を完璧に推敲しようとする姿勢には粛然とさせるものがある。こうして風雅の道は完結し人生そのものも整粛に完了した。「清滝」の句の二日のち、十月十二日、門人の看とるなか息をひきとった。

自ら選んだ道、風雅の道という創造的生を完結すると同時に、芭蕉は日常の生、世俗の人生の締めくくりもした。兄に先立つ無念を詫び、親戚への心くばりに満ちた遺言を自分でしたため、他に文事以外の関係者に三通の遺書を口述した。身辺整理と詫びと挨拶の辞世である。風雅の道、世俗の道ともに差別なく、きれいに整理し、推敲し、残される者に未来への道を示唆する辞世・遺書であった。

芭蕉は「旅に病んで」の句を辞世と言わず、「旅中吟」とした。平生が、平生の句が、すなわち辞世である、と芭蕉は弟子に語っていた。俳諧はひとや場所、風景や季節との出会いから生まれる文芸である。それらのもてなしや表情、それへの気づきへの応対・挨拶が句となり、出会いの挨拶はまた別れの句となった。芭蕉にとって平生の出会いが句となり、句づくりはその日その日に対する辞世であった。そういう芭蕉の生の姿勢を知るとき、「此道や」「此秋は」「秋深し」の三句はまさに日一日と噛みしめる辞世である。そして最終とした「旅中吟」の句から「清滝」の句の推敲へと、自らの人生を自ら納得できるまで修正し形象化した。生涯を汚れなくきれいに完結するという難事の最も清冽な例である。見事なまでの自らのクオリティ・オブ・ライフの凝視とウェルビーイングの完成であった。

（『生存科学』二十八巻一号「編集後記」より）

＊

厳しくも清々しい人生の推敲です。生きることにも推敲は必要です。推敲が悔いのない人生の完結へと導きました。

二〇二〇年三月　　著　者

初出一覧

緒　よく生きるということ

【特集　ウェルビーイング】よく生きるということ。（原題、以下同じ）『生存科学』23巻A

1　ケア―他者とともに生きる作法

【特集　ケア】ケアの原初景、連句型共創時空へ。『生存科学』26巻1号

2　老人訓―伝統的ウェルビーイング法

【特集　生存倫理】老いの倫理とウェルビーイング―日本の伝統的処世訓摘記―。『生存科学』27巻2号

3　辞世―クオリティ・オブ・ライフの証言

【特集　クオリティ・オブ・ライフ】辞世、ウェルビーイングの作法。『生存科学』28巻1号

4　あそぶ・あそばせる―凹型人生知のすすめ

【特集「あそぶ、あそばせる」】「あそぶ・あそばせる」力とウェルビーイング。『生存科学』25巻1号

5　生活世界を創る場所、コンパクト・シティ

【特集　共生】共生するコンパクト・シティ。『生存科学』25巻2号

6　健康な関係の育むウェルビーイング

【特集　健康】社会の健康・健康な社会。『生存科学』21巻A

7　演劇型社会関係資本が培うウェルビーイング

【特集　ソーシャル・キャピタル】演劇型社会関係資本の提唱―祭りは新資本を創り出す―。『生存科学』26巻2号

8　都市環境がウェルビーイングをみちびく

【特集　デザイン力】都市景観デザイン序説。『生存科学』24巻A

終　ウェルビーイングのための生存学

『空っぽ―生きかたのこころみ』法蔵館（2009）からの摘記および新稿

跋

編集後記―ライフの推敲と完結―。『生存科学』28巻1号からの摘記および新稿

なお、本書への収録にあたり、いずれもかなりの修正と削減を行った。
上記以外は書き下ろし。

「生存科学叢書」刊行にあたって

公益財団法人 生存科学研究所は故武見太郎の理念である「生存の理法」をモットーとして、人類の生存の形態ならびに機能に関する総合的実践的研究によって人類の健康と福祉に寄与すべく設立されました。そこでは、生命科学、医学・医療、看護学など医科学、哲学、倫理学、宗教学、史学、文学、芸術など人文学、法学、社会学、経済学など社会科学、生態学、環境科学など自然科学、それら諸科学の学際的な討論によって人間科学を新たに構築し、総合的な生存モデルの確立を図ることを目的としています。

生存科学研究所はその先端的かつ基本的研究活動と成果を広く他学問領域と共有し、また一般社会にもその理念と活動を啓発すべく、学術機関誌「生存科学」を刊行してきました。多年にわたる研究成果と啓発活動により、日本学術会議協力学術研究団体に指定され、「生存科学」誌は時代と社会の課題を発掘、先導する学術誌として高い評価を得ています。本「生存科学叢書」は「生存科学」誌を中心に展開されてきた研究所の知的かつ実践的成果を広く社会に問いかけようとするものです。

人間、人類にとって望ましい生存様態をいかに構想し、実現していくか、人類の生存の場と質が根本から問い直されている現代にあって、生存科学は基礎人間科学として、時代の状況を切り拓く先端総合学として、ますますその理念の発揚が求められています。「生存科学」誌で研鑽され、蓄積された先鋭的問題意識と成果をベースに、本叢書は、さらに公益に資するべく視野を広げたテーマ、論考を地道にかつ実践的に問いかけていきます。今後引きつづき展開される総合人間学シリーズにご理解をいただくとともに、ご支援をお願いいたします。

2018年4月

公益財団法人 生存科学研究所
〒104-0061　東京都中央区銀座4-5-1 聖書館ビル
http://seizon.umin.jp/index.html

著者紹介

藤原成一（ふじわら　しげかず）
1937 年兵庫県生まれ。東京大学文学部卒。日本大学藝術学部教授。表象文化・表現文化論、日本文化・文学研究を講述。2017 年退休。生存科学研究所常務理事。
著作活動では一貫して、人間の生きかた、生の質、生存の構造を、個人と集合体の両面から、もっぱら環境や社会、芸術芸能や文芸、思想や宗教を通して考究してきた。思想史の観点から『生きかたの美学*』、『日本往生術―死に方の精神史』、『空っぽ―生きかたのこころみ』、『宗教を考えるヒント』。文化史の視点から『仏教ごっこ日本』、『風流の思想』、『かさねの作法―日本文化を読みかえる』。癒し論として『癒しの日本文化誌』、『癒しの地形学』、『癒しのイエ―日本文化の５つの原理』、『京都 癒しのまち』。表現・表象文化研究として『天狗はうたう―後白河院の癒しの生涯』、『弁慶―英雄づくりの心性史』、『太郎冠者まかり通る』、『幽霊お岩―忠臣蔵と四谷怪談*』、『富士山コスモロジー*』など。（以上、＊は青弓社刊、他は法蔵館刊。）他に生存科学研究所の自主研究の成果著作として、環境論『生きられる時空へ―清浄空間の思想と造形』、『成熟都市への道―景観からのアプローチ』。

生存科学叢書

「よりよい生存《せいぞん》」ウェルビーイング学入門《がくにゅうもん》　場所《ばしょ》・関係《かんけい》・時間《じかん》がつくる生《せい》

2020年５月25日　第１版第１刷発行

著　者――――――藤原成一《ふじわらしげかず》
発行所――――――株式会社日本評論社
〒170-8474　東京都豊島区南大塚3-12-4
電話 03-3987-8621（販売）-8601（編集）
https://www.nippyo.co.jp/
振替 00100-3-16
印刷所――――――平文社
製本所――――――難波製本
装　幀――――――銀山宏子

ISBN978-4-535-58750-2　　Printed in Japan